O DOMÍNIO DO AMOR

DON MIGUEL RUIZ

O DOMÍNIO DO AMOR

O LIVRO DA FILOSOFIA TOLTECA

UM GUIA PRÁTICO PARA A ARTE DO RELACIONAMENTO

Tradução
Vera Maria Marques Martins

6ª edição

Rio de Janeiro | 2024

CIP-BRASIL. CATALOGAÇÃO NA PUBLICAÇÃO
SINDICATO NACIONAL DOS EDITORES DE LIVROS, RJ

R885d
6. ed.

Ruiz, Miguel, 1952-
O domínio do amor : um guia prático para a arte do relacionamento / Miguel Ruiz, Janet mills ; tradução Vera Maria Marques Martins. – 6. ed. – Rio de Janeiro : BestSeller, 2024.

Tradução de: The mastery of love : a practical guide to the art of relationship
ISBN 978-65-5712-217-4

1. Amor - Aspectos religiosos. 2. Indígenas do México - Religião e mitologia. 3. Filosofia tolteca. I. Mills, Janet. II. Martins, Vera Maria Marques. III. Título.

22-78541

CDD: 299.792
CDU: 258

Meri Gleice Rodrigues de Souza - Bibliotecária - CRB-7/6439

Texto revisado Segundo o novo Acordo Ortográfico da Língua Portuguesa.

Título original:
The Mastery of Love: A Pratical Guide to the Art of Relationship
Copyright © 1999 by Miguel Angel Ruiz, M.D. and Janet Mills.
Original English language publication by Amber-Allen Publishing, Inc.,
San Rafael, CA, 94903, USA.

Copyright da tradução © 2022 by Editora Best Seller Ltda.

Todos os direitos reservados. Proibida a reprodução,
no todo ou em parte, sem autorização prévia por escrito da editora,
sejam quais forem os meios empregados.

Direitos exclusivos de publicação em língua portuguesa para o Brasil
adquiridos pela
Editora Best Seller Ltda.
Rua Argentina, 171, parte, São Cristóvão
Rio de Janeiro, RJ — 20921-380

Dedicatória

Para meus pais, filhos, irmãos e todo o resto de meus familiares, a quem estou ligado não apenas pelo amor, como também pelo sangue e pelas raízes ancestrais.

Para meus parentes espirituais, a quem estou ligado por nossa decisão de criar uma família baseada em amor incondicional, respeito mútuo e na prática do Domínio do Amor.

Para minha família humana, cuja mente é terra fértil, preparada para receber as sementes de amor contidas neste livro. Que essas sementes germinem na vida de todos.

Sumário

Agradecimentos 9

Os toltecas 11

Introdução: O Mestre 15

1. A mente ferida 19
2. A perda da inocência 33
3. O homem que não acreditava no amor 47
4. A trilha do amor, a trilha do medo 55
5. O relacionamento perfeito 67
6. A cozinha mágica 81
7. O mestre do sonho 91
8. Sexo: o maior demônio do inferno 101
9. A caçadora divina 111
10. Vendo com os olhos do amor.................................119
11. Curando o corpo emocional 129
12. Deus dentro de nós 143

Orações 155

Agradecimentos

*D*esejo expressar minha gratidão a Janet Mills que, como uma mãe cuidando de um filho, deu forma a este livro com todo seu amor e toda sua dedicação.

Também gostaria de agradecer àquelas pessoas que nos ofereceram seu amor e seu tempo, ajudando-nos na criação deste livro.

Por fim, sou grato ao nosso Criador, pela inspiração e beleza que deram Vida ao livro.

Os toltecas

Milhares de anos atrás, os toltecas eram conhecidos por todo o sul do México como "mulheres e homens sábios". Antropólogos têm descrito os toltecas como membros de uma nação ou raça, mas, na verdade, eles eram cientistas e artistas que formaram uma sociedade dedicada a desenvolver e preservar o conhecimento espiritual e as práticas de seus ancestrais. Mestres (*naguals*) e discípulos reuniam-se em Teotihuacán, a antiga cidade das pirâmides próxima da Cidade do México, conhecida como o lugar onde "o homem se torna Deus".

No decorrer dos milênios, os *naguals* foram obrigados a disfarçar sua antiga sabedoria, mantendo-a na obscuridade. A conquista europeia e o mau uso que alguns aprendizes fizeram de seu poder pessoal colocaram o conhecimento fora do alcance daqueles que não estavam preparados para usá-lo com sabedoria, ou que poderiam, propositalmente, usá-lo em benefício próprio.

12 O domínio do amor

Felizmente, o conhecimento esotérico dos toltecas foi organizado e transmitido através das gerações por diferentes linhagens de *naguals*. Embora permanecessem mantidas em segredo por centenas de anos, as antigas profecias previram o advento de uma era em que seria necessário devolver a sabedoria ao povo. Agora, Don Miguel Ruiz, um *nagual* da linhagem dos Cavaleiros da Águia, foi instruído a compartilhar conosco os poderosos ensinamentos dos toltecas.

O conhecimento tolteca surgiu da mesma unidade essencial da verdade, como todas as sagradas tradições esotéricas encontradas em todo o mundo. Embora não seja uma religião, respeita todos os mestres espirituais que espalharam seus ensinamentos por este planeta. Trata do espírito, mas tem sido mais acuradamente descrito como um modo de viver, cuja maior característica é o pronto acesso à felicidade e ao amor.

Um tolteca é um artista do Amor,
um artista do Espírito,
alguém que cria a cada momento,
a cada segundo, a mais bela das artes,
a Arte de Sonhar.

A vida não é nada mais que um sonho,
e se somos artistas,
criamos nossa vida com Amor,
e nosso sonho transforma-se
numa obra-prima.

Introdução
O Mestre

Certa vez, um Mestre falou a uma multidão, e todos ficaram comovidos com as palavras de amor de sua mensagem maravilhosa. No meio da multidão, um homem ouviu com atenção tudo o que o Mestre disse. Ele era muito humilde e possuía um grande coração. Ficou tão emocionado com as palavras do Mestre, que se sentiu compelido a convidá-lo para ir a sua casa.

Quando o Mestre acabou de falar, o homem foi até ele, olhou-o nos olhos e disse:

— Sei que o senhor é ocupado, e que todos desejam sua atenção. Sei que não tem tempo para me ouvir, mas meu coração está tão aberto, e sinto tanto amor pelo senhor, que sinto a necessidade de convidá-lo para ir a minha casa. Desejo preparar-lhe a melhor das refeições. Não tenho esperança de que aceite, mas precisava falar-lhe desse meu desejo.

16 ❧ *O domínio do amor*

O Mestre, fitando o homem nos olhos, e com o mais lindo dos sorrisos, respondeu:

— Prepare tudo. Eu irei.

Então, afastou-se.

Essas palavras encheram o coração do homem de grande alegria. Ele mal podia esperar para servir ao Mestre e demonstrar-lhe seu amor. Seria o dia mais importante de sua vida. Ele teria a companhia do Mestre. Comprou o melhor vinho e os melhores alimentos, procurou pelas roupas mais bonitas, que daria de presente ao Mestre. Depois, correu para casa para fazer os preparativos. Limpou a casa inteira, preparou uma refeição maravilhosa e arrumou a mesa, deixando-a bonita. Seu coração transbordava de felicidade, porque logo o Mestre estaria ali.

O homem esperava, ansioso, quando alguém bateu em sua porta. Mas ao atender, em vez de ver o Mestre, viu uma velha. Ela olhou-o nos olhos e disse:

— Estou morrendo de fome. Pode me dar um pedaço de pão?

Um pouco desapontado, porque não era o Mestre, o homem fitou a mulher e respondeu:

— Por favor, entre.

Sentou-a no lugar que reservara para o Mestre e deu-lhe da comida que preparara para ele. Mas estava nervoso e mal conseguia esperar que ela acabasse de comer. A velha ficou emocionada com tanta generosidade, agradeceu e partiu.

O homem mal acabara de arrumar tudo novamente para receber o Mestre, quando tornaram a bater em sua porta. Daquela vez era um estrangeiro que atravessara o deserto. Olhou o homem nos olhos e disse:

— Estou com sede. Pode me dar algo para beber?

Desapontado mais uma vez, porque não era o Mestre, o homem convidou-o para entrar, sentou-o no lugar reservado para o Mestre e deu-lhe do vinho que pretendera oferecer a ele. Quando o estrangeiro partiu, ele voltou a arrumar tudo para receber o Mestre.

Tornaram a bater na porta. Quando o homem abriu, deparou-se com uma criança, que o olhou e disse:

— Estou com frio. Pode me dar um cobertor com que eu possa me cobrir?

Um tanto desapontado, porque novamente não era o Mestre, ele olhou a criança nos olhos e sentiu o amor encher seu coração. Juntou rapidamente as roupas que pretendera dar ao Mestre e com elas cobriu a criança, que agradeceu e partiu.

O homem tornou a arrumar tudo e ficou esperando até tarde da noite. Quando percebeu que o Mestre não chegaria, ficou decepcionado, mas perdoou-o, dizendo a si mesmo: "Eu sabia que não podia esperar que ele viesse a esta casa humilde. Embora prometesse vir, algo mais importante deve tê-lo prendido em outro lugar. O Mestre não veio, mas, pelo menos, me disse que viria, e isso bastou para me deixar feliz."

Guardou lentamente os alimentos e o vinho e foi dormir. Sonhou que o Mestre entrava em sua casa. Ficou muito feliz ao vê-lo, pois não sabia que estava sonhando.

— Mestre, o senhor veio! Manteve sua palavra.

18 ❧ *O domínio do amor*

O Mestre respondeu:

— Estou aqui, sim, mas já estive antes. Estava faminto, e você supriu minha necessidade de alimento. Estava sedento, e você me deu vinho. Estava com frio, e você me deu roupas. Seja o que for que fizer aos outros, estará fazendo a mim.

O homem acordou, e seu coração estava cheio de felicidade, porque ele entendera o que o Mestre lhe ensinara. O Mestre amava-o tanto, que mandara três pessoas a sua casa para dar-lhe a maior das lições: ele vive dentro de cada um de nós. Quando alimentamos os famintos, damos água aos sedentos e vestimos os que sentem frio, estamos oferecendo nosso amor ao Mestre.

1

A mente ferida

*T*alvez você nunca tenha pensado nisso, mas, de um modo ou de outro, todos nós somos mestres. Somos mestres porque temos o poder de criar e governar nossa vida.

Assim como sociedades e religiões de todo o mundo criam mitologias incríveis, nós criamos as nossas. A mitologia pessoal de cada um é povoada de heróis e vilões, anjos e demônios, reis e plebeus. Criamos uma população inteira em nossa mente, até mesmo múltiplas personalidades para nós mesmos. Então, aperfeiçoamos a imagem que vamos usar em determinadas circunstâncias. Tornamo-nos artistas do fingimento, quando projetamos essa imagem, no domínio completo daquilo que acreditamos ser. Quando encontramos outras pessoas, nós as classificamos imediatamente e damos a elas os papéis que devem desempenhar em nossa vida. Criamos imagens para os outros, de acordo com o que acreditamos que eles são. Fazemos a mesma coisa com tudo e todos ao nosso redor.

Você tem o poder de criar. Seu poder é tão grande, que tudo aquilo em que acredita torna-se realidade. Você cria a si mesmo, seja lá o que for que acredite ser. Você é do jeito que é, porque isso é o que acredita ser. Toda sua realidade, tudo aquilo em que acredita, é criação sua. Você tem o mesmo poder que todos os outros humanos têm. A principal diferença entre você e qualquer outra pessoa é o modo como usa seu poder, o que cria com ele. Você pode ser igual aos outros em muitos aspectos, mas ninguém, no mundo inteiro, vive a vida do mesmo modo que você.

Você pratica a vida toda para ser o que é, e faz isso tão bem, que domina perfeitamente o que acredita ser. Domina a sua própria personalidade, as suas crenças, todas as suas ações, cada reação. Pratica durante muitos anos e alcança o nível de mestre em ser o que acredita que é. Assim que conseguimos ver que todos nós somos mestres, podemos descobrir que tipo de mestria temos.

Quando somos crianças e temos um problema com alguém, ficamos furiosos. Seja qual for a razão, a raiva dissipa o problema, e conseguimos o resultado que desejamos. Então, isso acontece uma segunda vez, reagimos com raiva, porque agora sabemos que, se ficarmos furiosos, resolveremos o problema. Passamos a praticar a raiva arduamente, até nos tornarmos mestres dela.

Da mesma forma, tornamo-nos mestres do ciúme, mestres da tristeza, mestres da autorrejeição. Todos os nossos dramas e sofrimentos vieram com a prática. Fazemos um acordo com nós mesmos e respeitamos esse acordo, praticando, até que ele se torne uma absoluta mestria. O modo como pensamos, o modo como sentimos e o modo como agimos tornam-se tão rotineiros, que não mais precisamos prestar atenção ao que fazemos. É apenas por autorrejeição que nos comportamos de uma certa maneira.

Para nos tornarmos mestres do amor, temos de praticar o amor. A arte do relacionamento também exige mestria, e a única maneira de alcançá-la é praticar. Dominar a arte do relacionamento diz respeito a ação. Não diz respeito a conceitos ou conhecimento adquirido. Diz respeito somente a ação. Óbvio que para agir precisamos de algum conhecimento, ou pelo menos um pouco mais de percepção do modo como os humanos funcionam.

Quero que você imagine-se vivendo em um planeta onde todos sofrem de uma doença de pele. Durante dois, três mil anos, o povo de seu planeta padeceu, vítima dessa mesma doença que cobre os corpos das pessoas com chagas infeccionadas, que doem terrivelmente quando são tocadas. As pessoas, naturalmente, julgam que isso faz parte da fisiologia da pele. Mesmo os livros de medicina descrevem a moléstia como uma condição normal. Quando as pessoas nascem, possuem pele saudável, mas, quando chegam aos 3, 4 anos de idade, começam a

22 ❧ *O domínio do amor*

apresentar as primeiras chagas. Na adolescência, seus corpos já estão cobertos por elas.

Você é capaz de imaginar como essas pessoas tratam umas às outras? A fim de relacionarem-se entre si, precisam proteger as chagas. Quase nunca tocam a pele dos outros, porque é doloroso demais. Se, por acidente, você toca na pele de outra pessoa, a dor é tão grande, que ela o tocará também, só para vingar-se. No entanto, o instinto do amor é tão forte, que você paga um preço muito alto para relacionar-se com os outros.

Bem, imagine que em determinado dia um milagre acontece. Você acorda, pela manhã, e vê que está completamente curado. Não há mais chagas em sua pele, o toque não produz mais nenhuma dor. Uma pele saudável, que você pode tocar, é algo maravilhoso, porque a pele foi feita para sentir. Pode imaginar-se uma pessoa com pele saudável, num lugar onde todas as outras a têm coberta de chagas? Não pode tocar ninguém, porque provocaria dor, e ninguém o toca, porque todos estão convictos de que isso lhe causaria sofrimento.

Se é capaz de imaginar essa situação, talvez possa compreender que alguém de outro planeta, que tenha vindo nos visitar, tenha uma experiência similar com os humanos. Mas não é nossa pele que é coberta de chagas. O visitante descobriria que é a mente humana que sofre, por causa de uma doença chamada medo. O corpo emocional está cheio de feridas, como a pele doente que foi descrita, e essas feridas estão infeccionadas, contaminadas por veneno emocional. A doença do medo manifesta-se através de raiva, ódio, tristeza, inveja e hipocrisia, e os resultados são todas as emoções que fazem a humanidade sofrer.

Todos os humanos são mentalmente doentes, portadores da mesma moléstia. Podemos até dizer que este mundo é um hospital para doentes mentais. Mas essa doença está no mundo há milhares de anos, e os livros de medicina, de psiquiatria e de psicologia descrevem-na como algo normal. A doença é considerada normal, mas eu lhes digo que não é.

Quando o medo torna-se grande demais, a mente racional começa a falhar e não suporta mais todas aquelas chagas cheias de veneno. Nos livros de psicologia isso é chamado de transtorno mental, ou seja, esquizofrenia, paranoia, psicose, mas essas doenças podem surgir quando a mente racional fica tão apavorada, quando as chagas doem tanto, que é melhor interromper o contato com o mundo exterior.

Os humanos vivem constantemente com medo de serem feridos, e isso cria um grande drama em todos os lugares por onde andem. O modo como relacionam-se entre si é tão emocionalmente doloroso, que, por nenhuma razão aparente, ficam zangados, tristes, cheios de ciúme, de inveja. Até a ideia de dizer "eu te amo" deixa-os assustados. Mas, mesmo que seja doloroso e assustador manter uma interação emocional, nós vamos em frente, entramos num relacionamento, casamos, temos filhos.

A fim de proteger nossas chagas emocionais, porque temos medo de sofrer, nós, humanos, criamos na mente um sofisticado sistema de negação. Através desse sistema, nós nos tornamos mentirosos perfeitos. Mentimos com tanta perfeição que

24 ❧ *O domínio do amor*

mentimos para nós mesmos e chegamos a *acreditar* em nossas próprias mentiras. Nem percebemos que estamos mentindo, e às vezes, mesmo quando percebemos, justificamos as mentiras, encontrando desculpas para elas, para nos protegermos da dor produzida por nossas feridas.

O sistema de negação funciona como um paredão de nevoeiro erguido à frente de nossos olhos, que nos cega, impedindo-nos de enxergar a verdade. Usamos uma máscara social porque é doloroso ver a nós mesmos ou deixar que os outros nos vejam como realmente somos. E o sistema de negação permite-nos fingir que todas as outras pessoas acreditam naquilo que desejamos que elas acreditem a respeito de nós. Erguemos essas barreiras para nos protegermos, para manter os outros à distância, mas elas também nos prendem, restringindo nossa liberdade. Os humanos cobrem-se, protegem-se, e quando alguém diz que você despertou sua atenção, isso não é exatamente verdadeiro. A verdade é que você tocou numa de suas chagas mentais, e a pessoa reagiu, porque doeu.

Quando você tomar consciência de que todas as pessoas a seu redor têm chagas emocionais, contaminadas por veneno emocional, conseguirá compreender facilmente o relacionamento humano através do que os toltecas chamam de *sonho infernal*. Do ponto de vista tolteca, tudo aquilo que acreditamos a respeito de nós mesmos, tudo o que sabemos do mundo, não passa de um sonho. Se você refletir sobre como as religiões descrevem o inferno, verá que é igual à sociedade humana, do jeito que a vemos em nosso sonho. O inferno é um lugar de

A mente ferida 🦚 25

sofrimento, de medo, de guerra e violência, um lugar de julgamento, mas não de justiça, de castigo sem fim. Ali, humanos lutam entre si, numa selva povoada por predadores, pessoas que julgam, que são julgadas e consideradas culpadas, cheias de remorso e de venenos emocionais: inveja, raiva, ódio, tristeza, dor. Criamos todos esses pequenos demônios em nossa mente, porque aprendemos a sonhar que o inferno é a própria vida.

Cada um de nós cria um sonho apenas para si, mas os humanos que existiram antes de nós criaram um sonho amplo: o sonho da sociedade humana. Esse sonho abrangente, ou o *sonho do planeta*, é o sonho coletivo de milhões de sonhadores. O grande sonho inclui todas as regras da sociedade, suas leis, suas religiões, suas diferentes culturas e modos de ser. Todas essas informações armazenadas em nossa mente são semelhantes a milhares de vozes falando ao mesmo tempo. Os toltecas chamam isso de *mitote*.

Nosso verdadeiro ser é feito de puro amor, nós somos a *Vida*. Nosso verdadeiro ser não tem nada a ver com o sonho, mas o *mitote* não nos deixa ver o que realmente somos. Quando você observar o sonho desse ponto de vista, quando tiver a percepção do que verdadeiramente é, verá como é tolo o comportamento dos humanos e o achará engraçado. O que para todo mundo é um enorme drama, para você será uma comédia. Você verá o sofrimento humano como algo sem importância, que nem mesmo é real. Mas não temos escolha. Nascemos nesta sociedade, crescemos nela, aprendemos a ser iguais a todas as outras pessoas, fazendo bobagens o tempo todo, competindo por mera tolice.

Imagine que está visitando um planeta cujos habitantes têm um tipo diferente de mente emocional. As pessoas relacionam-se umas com as outras sempre num clima de felicidade, sempre com amor, sempre em paz. Agora, imagine que um dia você acorda *neste nosso* planeta e descobre que não há mais feridas em seu corpo emocional. Não mais tem medo de ser o que é. Seja o que for que digam a seu respeito, seja o que for que lhe façam, você não toma isso como algo pessoal, não sente mais dor. Não mais precisa proteger-se. Não tem medo de amar, de abrir seu coração. Mas não existe nenhuma outra pessoa como você. Como lhe será possível relacionar-se com pessoas emocionalmente feridas e doentes de medo?

Quando um ser humano nasce, sua mente emocional — o corpo emocional — é totalmente saudável. É mais ou menos por volta dos 4 anos de idade que começam a aparecer as primeiras chagas no corpo emocional, contaminadas por venenos emocionais. Mas, se observarmos crianças de 2, 3 anos, vendo como elas se comportam, perceberemos que brincam o tempo todo, que estão sempre rindo. A imaginação delas é incrivelmente fértil, e seu sonho é uma aventura exploradora. Quando algo errado acontece, elas reagem e se defendem, mas desistem logo e tornam a voltar sua atenção para o momento, recomeçam a brincar, a explorar, a se divertir. Estão vivendo o momento. Não se envergonham do passado e não se preocupam com o futuro. As crianças mais novas expressam o que sentem e não têm medo de amar.

Os momentos mais felizes de nossa vida são aqueles em que brincamos como crianças, cantando e dançando, explorando e criando apenas por prazer. É maravilhoso, quando nos comportamos como crianças, pois essa é a mente humana normal, a normal tendência humana. Quando crianças, somos inocentes e achamos natural expressar o amor que sentimos. Então, o que aconteceu conosco? O que aconteceu com todo mundo?

O que aconteceu foi que, quando éramos crianças, os adultos já eram portadores daquela doença mental, altamente contagiosa. Como nos passaram a moléstia? "Capturaram nossa atenção" e nos ensinaram a ser como eles. É assim que passamos a doença para nossos filhos, foi assim que nossos pais, mestres, irmãos mais velhos, toda a sociedade doente passaram-na para nós. Capturaram nossa atenção e puseram informações em nossa mente, à força de repetição. É desse modo que se processa o aprendizado. É desse modo que se programa uma mente humana.

O problema é esse programa, as informações que temos armazenadas na mente. Capturando a atenção das crianças é que lhes ensinamos a falar um idioma, a ler, a comportar-se, a sonhar. Domesticamos seres humanos da mesma forma que domesticamos cães e outros animais: com castigos e recompensas. Isso é perfeitamente normal. O que chamamos de educação não passa de domesticação de seres humanos.

No início temos medo da punição, mas depois desenvolvemos também o medo de não sermos recompensados, de não

28 O domínio do amor

sermos suficientemente bons para o papai, a mamãe, o irmão, o professor. Nasceu a necessidade de sermos aceitos. Antes disso, não nos importávamos, se éramos aceitos, ou não. As opiniões dos outros não eram importantes, porque só queríamos brincar e viver o momento presente.

O medo de não sermos recompensados logo se transforma no medo da rejeição. O medo de não sermos suficientemente bons para alguém é o que nos faz tentar mudar, que nos obriga a criar uma imagem. Então, procuramos projetar essa imagem de acordo com o modo que os outros querem que sejamos, apenas para sermos aceitos, apenas para recebermos uma recompensa. Quando aprendemos a fingir que somos o que não somos, começamos a praticar, tentando ser outra pessoa, apenas para sermos bons para o papai, para a mamãe, para o professor, para nossa religião, ou seja lá o que for. Praticamos sem cessar e dominamos a arte de ser o que não somos.

Logo esquecemos quem realmente somos e começamos a viver nossas imagens. Não criamos apenas uma imagem, mas várias, de acordo com os diferentes grupos de pessoas com quem nos relacionamos. Criamos uma imagem para a nossa casa, outra para a escola e, quando nos tornamos adultos, criamos muitas mais.

Isso também acontece num simples relacionamento entre um homem e uma mulher. A mulher tem uma imagem exterior que tenta projetar para os outros, mas quando está sozinha tem outra imagem de si mesma. O homem também tem uma imagem exterior e uma interior. Na idade adulta, a imagem exterior e a interior são tão diferentes, que quase não têm nada a ver uma com a outra. No relacionamento entre um homem e uma mulher, existem pelo menos quatro imagens. Como os dois podem realmente conhecer-se? Não podem. Podem apenas tentar compreender a imagem que veem. Mas há ainda mais imagens a considerar.

Quando um homem conhece uma mulher, cria uma imagem dela de seu ponto de vista, e a mulher faz uma imagem do homem de seu próprio ponto de vista. Então, ele tenta fazer com que a imagem que criou da mulher se adapte a ela, e ela tenta fazer com que a imagem que criou do homem adapte-se a ele. Agora há seis imagens entre eles. Óbvio que estão mentindo um para o outro, mesmo que não saibam disso. O relacionamento deles é baseado no medo, é baseado em mentiras. Não tem como base a verdade, porque os dois não conseguem enxergar através de todo aquele nevoeiro.

No período da infância, as imagens do que fingimos ser não geram conflitos. Elas não são desafiadas, até que começamos a interagir com o mundo exterior, sem a proteção de nossos pais e mães. É por isso que a adolescência é uma fase tão difícil. Mesmo que estejamos preparados para sustentar e defender nossas imagens, o mundo exterior luta contra nós assim que tentamos projetá-las. O mundo exterior começa a nos provar, não apenas em particular, mas publicamente, que não somos o que fingimos ser.

Vamos tomar o exemplo do adolescente que finge ser muito inteligente. Ele participa de um debate na escola, e uma pessoa

30 ❧ *O domínio do amor*

mais inteligente e mais preparada derrota-o na discussão, fazendo-o parecer ridículo aos olhos de todos. Ele tenta explicar e justificar sua imagem para os colegas. Será extremamente gentil na tentativa de salvar sua imagem, mas sabe que está mentindo. Evidentemente, fará tudo o que puder para não perder o controle diante dos colegas, mas, assim que ficar sozinho, quebrará o espelho no qual se olha, porque se odeia, porque acha que é estúpido, que é o pior de todos. Existe uma grande discrepância entre sua imagem interior e a imagem que ele tenta projetar para o mundo exterior. Quanto maior for a discrepância, mais difícil será a adaptação ao sonho da sociedade, e muito menor o amor que terá por si mesmo.

Entre a imagem do que ele finge ser e a imagem interior, que ele vê quando está sozinho, existem mentiras e mais mentiras. Ambas as imagens não têm nenhum contato com a realidade, são falsas, mas ele não vê isso. Pode ser que outra pessoa veja, mas ele está completamente cego. Seu sistema de negação tenta proteger as feridas, mas elas são reais, e ele sente dor, porque procura com todas as forças defender uma imagem falsa.

Quando somos crianças, aprendemos que a opinião das outras pessoas é tão importante, que dirigimos nossa vida de acordo com ela. Uma simples opinião de alguém pode nos fazer passar pelas penas do inferno, embora possa nem ser verdadeira, como: "Você é feio", "Você está enganado" ou "Você é estúpido". As opiniões exercem grande poder sobre o comportamento tolo das pessoas que vivem no inferno. É por isso que precisamos ouvir os outros dizerem que somos bons, que estamos progredindo, que somos bonitos. "Estou com boa aparência?", "Falei bem?", "Como estou me saindo?"

Precisamos ouvir a opinião dos outros porque somos seres domesticados e podemos ser manipulados pelo que os outros pensam a nosso respeito. Por isso, procuramos a aprovação dos outros, precisamos do apoio emocional deles, temos necessidade de que o sonho exterior nos aceite, através das outras pessoas. É por esse motivo que os adolescentes tomam bebidas alcoólicas, usam drogas e começam a fumar. Só para serem aceitos pelas outras pessoas, que têm todas aquelas opiniões, só para serem considerados "legais".

O sofrimento de tantos nós, seres humanos, é causado por todas as falsas imagens que tentamos projetar. Nós fingimos ser muito importantes, ao mesmo tempo que acreditamos que não somos nada. Trabalhamos tão arduamente porque desejamos ser alguém naquele sonho da sociedade, porque desejamos o reconhecimento e a aprovação dos outros. Tentamos ser importantes, vencedores, poderosos, ricos, famosos, para expressar nosso sonho pessoal e para impor nosso sonho às pessoas que nos cercam. Por quê? Porque os humanos acreditam que o sonho é real, e o levam muito a sério.

2

A perda da inocência

Os humanos são, por natureza, seres muito sensíveis. Somos assim porque percebemos tudo através do corpo emocional. O corpo emocional é como um rádio que pode ser sintonizado para captar certas frequências ou reagir a outras. A frequência normal do ser humano, antes da domesticação, é explorar e aproveitar a vida. Estamos ainda sintonizados no amor. Quando somos crianças não temos nada que defina o amor como um conceito abstrato. Nós apenas amamos. É assim que somos.

O corpo emocional tem um componente semelhante a um sistema de alarme, que nos avisa quando algo vai mal. Acontece o mesmo com o corpo físico, que também tem um sistema de alarme que nos avisa quando há algum problema. Nós o chamamos de dor. Quando sentimos dor, sabemos que alguma coisa errada está acontecendo com nosso corpo,

34   ❧   *O domínio do amor*

algo que precisamos descobrir e curar. O sistema de alarme do corpo emocional é o medo. Sentimos medo quando há alguma coisa errada, porque talvez estejamos correndo o risco de perder a vida. Não é com os olhos que percebemos as emoções, mas com nosso corpo emocional. As crianças apenas *sentem* as emoções, e sua mente racional não as interpreta nem questiona. É por isso que elas aceitam algumas pessoas e rejeitam outras. Quando uma pessoa não lhes inspira confiança, elas a rejeitam, porque são capazes de sentir as emoções que ela projeta. As crianças percebem facilmente quando alguém está zangado, e seu sistema de alarme gera um pequeno medo que diz: "Fique longe dessa pessoa." Elas seguem seu instinto e mantêm distância.

Aprendemos a ser emocionais de acordo com a energia emocional de nossa casa e nossa reação pessoal a essa energia. É por essa razão que irmãos reagem de modo diferente uns dos outros, de acordo com a maneira como aprendem a se defender e a adaptar-se às circunstâncias. Quando nossos pais brigam demais, quando há desarmonia, desrespeito e mentiras, assimilamos o jeito de ser emocional deles. Mesmo que nos digam para não sermos como eles, para não mentirmos, a energia emocional de nossos pais, da família inteira, nos fará ter a mesma percepção do mundo que eles têm.

A energia emocional que impera em nossa casa vai sintonizar nosso corpo emocional na mesma frequência. O corpo emocional começa a modificar sua sintonia, que deixa de ser a sintonia normal de um ser humano. Entramos no jogo dos adultos, entramos no jogo do sonho exterior, e perdemos. Perdemos nossa inocência, perdemos nossa liberdade, perdemos nossa felicidade e perdemos nossa tendência para o amor. Somos forçados a mudar e começamos a perceber outro mundo, outra realidade, a realidade da injustiça, a realidade da dor emocional, a realidade dos venenos emocionais. Bem-vindos ao inferno criado pelos seres humanos, o inferno que é o sonho do planeta. Entramos nesse inferno, mas não fomos nós que o inventamos, pois ele já existia, antes de nascermos.

Olhando para uma criança, é possível ver como o amor verdadeiro e a liberdade são destruídos. Imagine um garotinho de 2, 3 anos, correndo num parque, divertindo-se. A mamãe está lá, vigiando-o, pois tem medo que ele caia e se machuque. Em dado momento, ela decide interromper a correria, e o menino acha que a mamãe está brincando com ele, então procura correr mais rápido. Passam carros numa das ruas adjacentes, e isso deixa a mamãe ainda mais temerosa, e finalmente ela alcança o filho. O menino espera uma brincadeira, mas a mãe bate nele. Bum! É um grande choque. A alegria do garotinho era a expressão de seu amor, e ele não entende por que a mãe está agindo daquela maneira. São esses choques que, pouco a pouco, no decorrer do tempo, interrompem o fluxo do amor. Mesmo que a criança não use palavras, ela pergunta: "Por quê?"

Correr e brincar é uma expressão de amor, mas a criança aprende que não é mais seguro fazer isso, porque os pais a castigam, quando ela expressa seu amor. Mandam-na para o quarto e a proíbem de fazer o que ela quer. Dizem que ela foi má, e isso a humilha, isso é castigo.

36 ❧ *O domínio do amor*

No sistema de castigo e recompensa há um senso de justiça e um de injustiça, um do que é justo e outro do que não é. O senso de injustiça é como uma faca que abre um ferimento emocional na mente. Então, de acordo com nossa reação à injustiça, o ferimento pode infeccionar-se, cheio de veneno emocional. Por que alguns ferimentos infeccionam-se? Vamos ver outro exemplo.

Imagine que você tem 2, 3 anos. Está feliz, está brincando, está explorando. Não tem consciência do que é bom, do que é mau, do que é certo, do que é errado, do que deve fazer, do que não deve, porque ainda não foi domesticado. Está brincando na sala de estar com tudo o que existe a sua volta. Não tem nenhuma má intenção, não deseja estragar nada, mas está brincando com o violão do papai. Para você, é apenas um brinquedo. Você não tem nenhuma intenção de magoar o papai. Mas seu pai está num dia péssimo, não se sente nada bem, está com problemas nos negócios. Ele entra na sala e o vê brincando com seu instrumento. Fica furioso, agarra você e lhe bate.

É uma injustiça, do seu ponto de vista. Seu pai entra e, cheio de raiva, bate em você. Ele é alguém em quem você confia de modo pleno, pois é seu papai, uma pessoa que normalmente o protege, que o deixa brincar, que lhe permite ser você mesmo. Agora, alguma coisa não está certa. O senso de injustiça é como uma dor no coração. Você fica sensível, sente dor e chora. Mas não chora apenas porque ele lhe bateu. Não é a agressão física que o magoa, mas é a agressão emocional, que você não acha justa. *Você não fez nada.*

A perda da inocência   *A perda da inocência* 🖋 **37**

Esse senso de injustiça abre uma chaga em sua mente. Seu corpo emocional está ferido, e naquele momento você perde uma pequena parte de sua inocência. Você aprende que nem sempre pode confiar em seu pai. Embora ainda não saiba disso, porque não analisa, sua mente compreende que não pode confiar. Seu corpo emocional lhe diz que existe algo em que não pode confiar, e que esse algo pode se repetir.

Você pode reagir com medo, com raiva, com acanhamento, ou apenas chorando. Mas essa reação, qualquer que seja, já é veneno emocional, porque a reação normal, antes da domesticação, seria a de bater no papai, quando ele bate em você. Mas bata nele, ou simplesmente levante a mão, e seu pai ficará ainda mais furioso com você. A reação de seu pai, quando você levanta a mão para ele, cria um castigo ainda pior. Agora, que você sabe que ele pode destruí-lo, tem medo dele e não mais se defende, porque sabe que isso apenas pioraria as coisas.

Você ainda não entende o motivo, mas sabe que seu pai pode até matá-lo. Isso abre uma horrível chaga em sua mente. Antes, sua mente era completamente saudável, você era completamente inocente. Agora, a mente racional tenta fazer alguma coisa com essa experiência. Você aprende a reagir de uma certa maneira, de uma maneira pessoal. Guarda suas emoções para você, e isso muda seu modo de viver. A experiência se repetirá com mais frequência, a partir de agora. A injustiça virá do papai e da mamãe, dos irmãos, dos tios, da escola, da sociedade, de todo o mundo. A cada medo que sente, você aprende a se defender, mas não da maneira que fazia antes de ser domesticado, quando reagia e depois continuava a brincar.

38 ～ *O domínio do amor*

Agora, há algo dentro da ferida que a princípio não representa grande problema: veneno emocional. Esse veneno acumula-se, e a mente começa a brincar com ele. Você começa a se preocupar um pouco com o futuro, porque se lembra do veneno e não quer experimentá-lo novamente. Também se lembra de que foi aceito. Lembra que papai e mamãe foram bons para você, que todos viveram em harmonia. Você quer a harmonia, mas não sabe como criá-la. E porque está dentro da bolha de sua percepção, tudo o que acontece a sua volta parece acontecer *por sua causa*. Você acredita que papai e mamãe brigam por sua causa, mesmo que não tenha nada a ver com a briga.

Pouco a pouco, perdemos nossa inocência. Começamos a nos ressentir, depois não sabemos mais perdoar. Com o passar do tempo, esses incidentes e interações ensinam-nos que não é seguro ser quem realmente somos. Óbvio que isso varia de intensidade, de um ser humano para outro, dependendo da inteligência de cada um e do modo como foi educado. É algo que depende de muitas coisas. Se você tiver sorte, sua domesticação não será tão forte. Mas, se não tiver, a domesticação será tão forte, as feridas serão tão profundas, que você poderá até ter medo de falar. O resultado será: "Ah, sou tímido." A timidez é o medo que uma pessoa sente de expressar-se. Talvez você acredite que não consegue dançar, ou cantar, mas isso não passa de uma repressão do instinto humano de expressar amor.

～⚬～

A perda da inocência ❧ *39*

Os humanos usam o medo para domesticar outros humanos, e nosso medo cresce a cada experiência em que sofremos injustiça. O senso de injustiça é a faca que abre feridas em nosso corpo emocional. Os venenos emocionais são criados por nossa reação ao que consideramos injusto. Algumas feridas cicatrizarão, outras se infeccionarão com mais e mais veneno. Quando estamos cheios de um veneno emocional, sentimos a necessidade de eliminá-lo, e fazemos isso lançando-o sobre outra pessoa. De que modo? Capturando a atenção dela.

Vamos tomar um casal comum como exemplo. A esposa, por um motivo qualquer, está furiosa. Tem muito veneno acumulado, criado por uma injustiça que o marido cometeu contra ela. Ele não está em casa, mas ela fica pensando naquela injustiça, e o veneno cresce em seu íntimo. Quando o marido chega, a primeira coisa que ela quer fazer é capturar a atenção dele, porque, assim que conseguir isso, todo o veneno passará para ele, e ela se sentirá aliviada. Assim que ela o recrimina, dizendo-lhe como é mau, como é injusto, transfere o veneno para ele.

Fica falando sem parar até capturar a atenção do marido. Ele finalmente reage, furioso, e ela se sente melhor. Mas agora o veneno corre por dentro dele, fazendo-o querer revidar. Ele precisa capturar a atenção da esposa e soltar o veneno, não só o veneno que ela lhe passou, mas os dois, o dela e o dele. Se você observar essa interação, verá que eles estão tocando nas feridas um do outro e jogando pingue-pongue com o veneno emocional. O veneno aumenta cada vez mais, até que um dia um deles chega ao ponto de explodir. É assim que os humanos, quase sempre, relacionam-se uns com os outros.

É capturando a atenção de uma pessoa que transferimos nossa energia para ela. A atenção é algo muito poderoso na mente humana. Todas as pessoas, no mundo todo, estão perseguindo a atenção de outras, o tempo todo. Quando capturamos a atenção de alguém, criamos canais de comunicação. O sonho é transferido, o poder é transferido, mas há também a transferência de venenos emocionais.

Em geral, passamos o veneno para a pessoa que julgamos responsável por uma injustiça, mas, se ela for tão poderosa que torne isso impossível, nós o passamos para qualquer outra, sem nenhuma consideração. Nós o transferimos para as crianças, que não têm defesa contra nós, e é assim que se formam as relações abusivas. Os mais poderosos abusam dos que têm menos poder, porque precisam dar vazão a seus venenos emocionais. Temos necessidade de soltá-los, e às vezes não desejamos justiça, desejamos apenas alívio, paz. É por esse motivo que os humanos perseguem o poder sem cessar, porque, quanto mais poderosos forem, mais fácil será soltar os venenos sobre aqueles que não podem se defender.

Óbvio, estamos falando de relacionamentos no inferno. Estamos falando da doença mental que existe neste planeta. Ninguém é culpado pela doença. Não se trata de bom ou mau, de certo ou errado, é simplesmente a patologia característica dessa moléstia. Ninguém tem culpa de abusar dos outros. Assim como as pessoas naquele planeta imaginário não têm culpa de possuir uma pele doente, você também não tem culpa de possuir feridas infeccionadas por venenos. Quando está fisicamente ferido ou doente, você não se culpa por isso. Então, por que sentir-se mal, por que sentir-se culpado pelo fato de seu corpo emocional estar doente?

O importante é ter a consciência do problema. Se a tivermos, seremos capazes de curar nosso corpo emocional, nossa mente emocional, e pararemos de sofrer. Sem essa consciência, porém, não poderemos fazer coisa alguma. Teremos de nos resignar a continuar sofrendo, não só em nossa interação com os outros humanos, mas na interação com nós mesmos, porque também tocamos nossas próprias feridas, apenas para nos punirmos.

Criamos em nossa mente a parte de nós que está sempre julgando. É o juiz, que julga tudo o que fazemos, tudo o que não fazemos, tudo o que sentimos, tudo o que não sentimos. Nós nos julgamos o tempo todo, assim como julgamos as outras pessoas, baseados no que acreditamos e no senso de justiça e injustiça. É óbvio que nos declaramos culpados, merecedores de punição. A outra parte de nossa mente, a que é julgada e precisa ser punida, é a vítima. Esse lado de nós queixa-se: "Coitado de mim. Não sou bom o bastante, não sou forte o bastante, não sou inteligente o bastante. Por que haveria de insistir?"

Quando você era criança, não podia escolher as coisas em que acreditar e aquelas em que não acreditar. O juiz e a vítima

42   *O domínio do amor*

nasceram de todas as falsas crenças que não foi você que escolheu. Quando todas aquelas informações foram introduzidas em sua mente, você era inocente. Acreditava em tudo o que o sistema de crenças punha dentro de você, como um programa criado pelo sonho exterior. Os toltecas chamam esse programa de *parasita*. A mente humana é doente porque abriga um parasita que suga sua energia vital e rouba-lhe a alegria. O parasita é feito de todas as crenças que fazem você sofrer. Essas crenças são tão fortes que, anos mais tarde, quando você assimila novos conceitos e tenta tomar suas próprias decisões, descobre que elas ainda governam sua vida.

De vez em quando, a criança que existe dentro de você vem à tona. Ela, que permanece com 2 ou 3 anos, é o seu verdadeiro eu. Então, você vive o momento e diverte-se, mas alguma coisa puxa-o de volta, algo dentro de você acha inútil tanto divertimento. Uma voz interior lhe diz que sua felicidade é grande demais para ser verdadeira, que não é direito ser tão feliz. Toda a culpa, todos os venenos que corrompem seu corpo emocional puxam você de volta para o mundo do drama.

O parasita espalha-se como praga, passando de nossos avós para nossos pais, deles para nós e de nós para nossos filhos. Nós colocamos todos aqueles programas na mente de nossos filhos, da mesma forma que fazemos quando domesticamos um cão. Nós, humanos, somos animais domesticados, e essa domesticação leva-nos para o sonho do inferno, no qual vivemos com medo. Os alimentos do parasita são as emoções que nascem do medo. Antes de abrigarmos o parasita dentro de nós, aproveitamos a vida, brincamos, somos felizes como

A perda da inocência ❦ 43

criancinhas. Mas, depois que todo aquele lixo entra em nossa mente, não conseguimos mais ser felizes. Aprendemos a acreditar que somos nós que estamos certos e a achar que todos os outros estão errados. A necessidade de estarmos "certos" é o resultado da tentativa de projetar a imagem que desejamos exibir ao mundo exterior. Temos de impor nosso modo de pensar, não apenas aos outros humanos, mas também a nós mesmos.

Desenvolvendo a percepção, podemos facilmente compreender por que os relacionamentos não dão certo, seja com nossos pais, nossos filhos, nossos amigos, nossos parceiros e até com nós mesmos. Por que nosso relacionamento com nós mesmos não dá certo? Porque estamos feridos e carregamos tanto veneno emocional que mal conseguimos suportá-lo. Estamos cheios de veneno porque crescemos com uma *imagem de perfeição* que não é verdadeira, que não existe e que, em nossa mente, não é justa.

Criamos essa imagem de perfeição para agradar outras pessoas, embora elas criem seu próprio sonho, que não tem nada a ver com o nosso. Tentamos agradar papai e mamãe, tentamos agradar nossos professores, nosso pastor, nossa religião e a Deus. Mas a verdade é que, do ponto de vista das outras pessoas, nunca seremos perfeitos. A imagem de perfeição nos diz como devemos ser a fim de nos acharmos bons, a fim de nos aceitarmos. Mas, sabe de uma coisa? Essa é a maior mentira sobre nós mesmos, porque *nunca* seremos perfeitos. E de modo algum nos perdoamos por não sermos perfeitos.

A imagem de perfeição muda o modo como sonhamos. Aprendemos a negar e a rejeitar a nós mesmos. De acordo com todas as crenças que temos, nunca somos suficientemente bons,

44 🍃 *O domínio do amor*

direitos, limpos ou saudáveis. Sempre há *alguma coisa* que o juiz jamais poderá aceitar ou perdoar. É por isso que rejeitamos nossa própria condição humana, é por isso que nunca merecemos ser felizes, é por isso que estamos sempre procurando alguém que abuse de nós, alguém que nos castigue. Por causa dessa imagem de perfeição, usamos exageradamente a autopunição.

Quando rejeitamos a nós mesmos, quando nos julgamos, nos consideramos culpados e nos punimos em demasia, parece que o amor não existe. Parece que neste mundo só existem o castigo, o sofrimento e o julgamento. O inferno tem muitos níveis. Algumas pessoas encontram-se nas profundezas do inferno, outras ficam mais em cima, mas estão lá do mesmo modo. O inferno está cheio de relacionamentos abusivos, mas também de relacionamentos em que quase não há nenhum abuso.

Você não é mais criança e, se vive num relacionamento abusivo é porque, de alguma maneira, aprendeu a conviver com o abuso, porque acredita que merece essa situação. Existe um limite para o abuso que podemos suportar, mas ninguém no mundo abusa mais de nós do que nós mesmos. O limite de tolerância ao abuso que suportamos de nós mesmos é o mesmo limite de tolerância ao abuso que suportamos dos outros. Corremos, fugimos, escapamos, quando alguém abusa de nós mais do que nós abusamos de nós mesmos. Mas, se alguém abusa de nós um pouco menos do que nós abusamos de nós mesmos, talvez não fujamos. Acreditamos merecer esse abuso.

Num relacionamento normal no inferno, geralmente existe o pagamento de uma injustiça, uma retaliação. Eu abuso de você na medida do que eu acredito ser o que você precisa, você abusa de mim na medida do que você acredita ser o que eu preciso. Funciona, porque estamos em equilíbrio. Óbvio, uma energia atrai o mesmo tipo de energia, a mesma vibração. Alguém aproxima-se de você e diz: "Oh, como abusam de mim!" Você pergunta: "Por que, então, não sai dessa situação?" A pessoa nem saberá responder por quê. A verdade é que ela aceita sofrer abusos porque é dessa maneira que se pune.

A vida nos dá exatamente aquilo de que precisamos. A justiça, no inferno, é perfeita. Não há do que reclamar. Até podemos dizer que nosso sofrimento é uma dádiva. Para expelir o veneno, curar as feridas, aceitar o que somos, sair do inferno, precisamos abrir bem os olhos e observar a nossa volta, vendo o que nos cerca.

3
O homem que não acreditava no amor

Quero lhe contar uma história muito antiga, a respeito de um homem que não acreditava no amor. Ele era uma pessoa comum, como você e eu, mas seu modo de pensar tornava-o diferente. O homem afirmava que o *amor não existia*. Lógico, ele teve muitas experiências, tentando encontrar o amor, observou bastante as pessoas que o cercavam. Passou a maior parte da vida procurando o amor, apenas para descobrir que era algo que não existia.

Aonde quer que esse homem fosse, dizia às pessoas que o amor não passava de uma invenção dos poetas, uma mentira que os religiosos contavam para manipular a mente fraca dos humanos, forçando-os a acreditar, para controlá-los. Dizia que o amor não é real, que nenhum ser humano poderia encontrá-lo, mesmo que passasse a vida procurando-o.

48 ～ *O domínio do amor*

Esse homem era extremamente inteligente e muito convincente. Lia muitos livros, frequentara as melhores universidades, era um erudito respeitado. Podia falar em público, diante de qualquer tipo de plateia, sempre com lógica irrefutável. Dizia que o amor é uma espécie de droga, que provoca euforia e cria forte dependência. Que uma pessoa pode viciar-se em amor e começar a necessitar de doses diárias, como os dependentes de qualquer outra droga.

Costumava afirmar que o relacionamento dos amantes é igual ao relacionamento entre um dependente químico e a pessoa que lhe fornece a droga. O que tem mais necessidade de amor é o dependente, o que tem menos, é o fornecedor. Aquele, entre os dois, que tem menos necessidade, é o que controla todo o relacionamento. Dizia que é possível ver isso com nitidez, porque, num relacionamento, quase sempre há um que ama sem reservas, e outro que não ama, que apenas tira vantagem daquele que lhe entrega seu coração. Que é possível ver, pelo modo como os dois se manipulam, como agem e reagem, que são iguais ao fornecedor de uma droga e quem a consome.

O dependente, aquele que tem mais necessidade, vive com medo de não conseguir receber a próxima dose de amor, ou seja, da droga. E pensa: "O que vou fazer, se ele (ela) me deixar?" O medo torna o dependente extremamente possessivo. "Ele é meu!" O medo de não receber a próxima dose torna-o ciumento e exigente. O fornecedor pode controlar e manipular aquele que necessita da droga, dando-lhe mais doses, menos doses, ou nenhuma dose. O dependente da droga submete-se completamente e faz tudo o que pode para não ser abandonado.

O homem que não acreditava no amor 〰 49

O homem ainda dizia muito mais, quando explicava por que achava que o amor não existia. Declarava que aquilo que os humanos chamam de amor é apenas um relacionamento de medo baseado no controle. "Onde está o respeito? Onde está o amor que afirmam sentir? Não há amor. Dois jovens, diante de um representante de Deus, diante de suas famílias e de seus amigos, fazem uma porção de promessas um ao outro: que vão viver juntos para sempre, que vão amar-se e respeitar-se mutuamente, que estarão um ao lado do outro nos bons e nos maus momentos, que vão se amar e se honrar. Promessas e mais promessas. O mais espantoso é que eles realmente acreditam que vão cumpri-las. Mas, após o casamento — uma semana, um mês, alguns meses depois — fica evidente que nenhuma das promessas foi cumprida.

O que se vê é uma guerra pelo comando, para ver quem manipula quem. Quem será o fornecedor, e quem será o dependente químico. Alguns meses depois, o respeito que prometeram ter um pelo outro desapareceu. Surgiu o ressentimento, o veneno emocional, e ambos ferem-se reciprocamente, pouco a pouco, cada vez mais, até que eles não sabem mais quando o amor acabou. Permanecem juntos porque têm medo de ficar sozinhos, medo da opinião e do julgamento dos outros, medo de sua própria opinião e de seu próprio julgamento. Mas, onde está o amor?"

O homem costumava dizer que via muitos velhos casais, unidos havia trinta, quarenta, cinquenta anos, que tinham orgulho de estarem juntos durante tanto tempo. Mas, quando falavam a respeito de seu relacionamento, diziam: "Sobrevivemos

50 ❧ *O domínio do amor*

ao matrimônio." Isso significa que um deles submeteu-se ao outro. A certa altura, ela (ou ele) desistiu e decidiu suportar o sofrimento. O que teve mais vontade e menos necessidade, venceu a guerra. Mas onde está aquela chama a que deram o nome de amor? Um trata o outro como se fosse propriedade sua. "Ela é minha", "Ele é meu."

O homem mostrava mais e mais razões que o haviam levado a acreditar que o amor não existe. Dizia: "Eu já passei por tudo isso. Nunca mais permitirei que outra pessoa manipule minha mente e controle minha vida em nome do amor." Seus argumentos eram bastante lógicos, e com suas palavras ele convenceu muitas pessoas. *"O amor não existe."*

Então, um dia, esse homem andava por um parque, quando viu uma linda mulher chorando, sentada num banco. Ficou curioso, querendo saber por que motivo ela chorava. Sentando-se ao seu lado, perguntou-lhe por que ela estava chorando e se podia ajudá-la. Imaginem a surpresa dele, quando a mulher respondeu que chorava porque o amor não existia.

— Mas isso é espantoso! — o homem exclamou. — Uma mulher que não acredita no amor?

E, óbvio, quis descobrir mais coisas a respeito dela.

— Por que acha que o amor não existe? — indagou.

— É uma longa história — ela respondeu. — Casei-me muito jovem, cheia de amor, cheia de ilusões, com a esperança de passar minha vida inteira com aquele homem. Juramos lealdade um ao outro, juramos que nos respeitaríamos, que honraríamos nossa união e que formaríamos uma família. Mas

O homem que não acreditava no amor 🙠 *51*

logo tudo mudou. Eu era uma esposa dedicada, que cuidava da casa e dos filhos. Meu marido continuou a progredir em sua carreira. Seu sucesso e a imagem que mostrava fora de casa eram, para ele, mais importantes do que a família. Perdemos o respeito um pelo outro. Nós nos feríamos mutuamente, e um dia descobri que não o amava e que ele também não me amava. Mas as crianças precisavam de um pai, e essa foi minha desculpa para ficar e fazer tudo o que pudesse para dar apoio a ele. Agora, meus filhos cresceram e saíram de casa. Não tenho mais nenhuma desculpa para ficar com ele. Não existe respeito nem gentileza em nosso relacionamento. Sei que, mesmo que eu encontre outra pessoa, vai ser tudo igual, porque o amor não existe. Não faz sentido procurar por algo que não existe. É por isso que estou chorando.

Compreendendo-a muito bem, o homem abraçou-a e disse:

— Tem razão, o amor não existe. Procuramos por ele, abrimos o coração e nos tornamos fracos, para no fim encontrarmos apenas egoísmo. Isso nos fere, mesmo que achemos que não vamos ser feridos. Não importa o número de relacionamentos que possamos ter, a mesma coisa sempre acontece. Por que ainda continuamos a procurar o amor?

Os dois eram tão parecidos, que se tornaram grandes amigos. Tinham um relacionamento maravilhoso. Respeitavam-se, um nunca humilhava o outro. Ficavam mais felizes a cada passo que davam juntos. Entre eles não havia ciúme nem inveja, nenhum dos dois queria assumir o comando, nem era possessivo. O relacionamento continuou a crescer. Eles adoravam estar juntos, porque sempre divertiam-se muito. Quando estavam separados, um sentia a falta do outro.

Um dia, o homem encontrava-se fora da cidade, quando teve a mais esquisita das ideias:

"Hum, talvez o que eu sinta por ela seja amor. Mas isto é muito diferente de qualquer outra coisa que já senti. Não é o que os poetas dizem, assim como não é o que os religiosos pregam, porque não sou responsável por ela. Não tiro nada dela, não sinto necessidade de que ela cuide de mim, não preciso culpá-la por minhas dificuldades, nem contar-lhe meus dramas. O tempo que passamos juntos é maravilhoso, gostamos um do outro. Respeito o que ela pensa, o que sente. Ela não me envergonha, não me aborrece. Não sinto ciúme quando ela está com outras pessoas e não tenho inveja quando a vejo ter sucesso em alguma coisa. Talvez o amor *exista*, mas não seja aquilo que todo mundo pensa que é."

O homem mal pôde esperar pelo momento de voltar para sua cidade e conversar com a mulher para expor-lhe a ideia esquisita que tivera.

Assim que ele começou a falar, ela disse:

— Entendo exatamente o que você está falando. Tive a mesma ideia, bastante tempo atrás, mas não quis lhe contar, porque sei que você não acredita no amor. Talvez o amor exista, mas não seja aquilo que pensamos que é.

Decidiram tornar-se amantes e morar juntos e, de maneira admirável, as coisas não mudaram. Os dois continuaram a respeitar-se, a dar apoio um ao outro, e o amor continuou a crescer.

O homem que não acreditava no amor 💫 53

Até as coisas mais simples faziam seus corações cantar, cheios de amor, por causa da grande felicidade em que eles viviam.

O coração do homem estava tão repleto de amor que, uma noite, um grande milagre aconteceu. Ele olhava as estrelas e encontrou uma que era a mais bela de todas. Seu amor era tão imenso, que a estrela começou a descer do céu e logo estava aninhada nas mãos dele. Então, um outro milagre aconteceu, e a alma do homem uniu-se à estrela. Ele estava imensamente feliz e foi procurar a mulher o mais depressa possível para depositar a estrela nas mãos dela, provando seu amor. Assim que recebeu a estrela nas mãos, a mulher experimentou um momento de dúvida. Aquele amor era grande demais, avassalador. Naquele instante, a estrela caiu das mãos dela e estilhaçou-se em um milhão de pedacinhos.

Agora, um velho anda pelo mundo, jurando que o amor não existe. E uma velha bonita permanece em casa, esperando por ele, derramando lágrimas pelo paraíso que um dia teve nas mãos e perdeu por causa de um momento de dúvida.

Essa é a história do homem que não acreditava no amor.

Quem foi que errou? Você gostaria de descobrir qual foi a falha? O erro foi do homem, que pensou que poderia passar sua felicidade para a mulher. A estrela era sua felicidade, e ele errou quando a colocou nas mãos dela. A felicidade nunca vem de fora de nós. O homem era feliz pelo amor que saía dele, e a mulher era feliz pelo amor que saía dela. Mas, no momento em que ele a tornou responsável por sua felicidade, ela deixou cair a estrela, quebrando-a, porque não podia responsabilizar--se pela felicidade dele.

54 ❧ O domínio do amor

Por mais que a mulher o amasse, jamais poderia fazê-lo feliz, porque nunca saberia o que se passava na mente dele. Nunca saberia quais eram as expectativas do homem, porque não poderia conhecer os sonhos dele.

Se você pegar sua felicidade e colocá-la nas mãos de outra pessoa, mais cedo ou mais tarde a verá estilhaçada. Se der sua felicidade a alguém, você a perderá. Então, se a felicidade só pode vir de dentro de nós, sendo resultado de nosso amor, nós somos os únicos responsáveis por ela. Nunca podemos tornar outra pessoa responsável por nossa felicidade, mas, quando os noivos vão à igreja para casar, a primeira coisa que fazem é trocar alianças. Cada um está colocando sua estrela nas mãos do outro, esperando dar e receber felicidade. Por mais intenso que seja seu amor por alguém, você nunca será o que esse alguém quer que você seja.

Esse é o erro que a maioria de nós comete, logo de início. Baseamos nossa felicidade em nossos parceiros, e não é assim que as coisas funcionam. Fazemos uma porção de promessas que não podemos cumprir, já nos preparando para o fracasso.

4

A trilha do amor, a trilha do medo

*N*ossa vida inteira nada mais é que um sonho. Vivemos uma fantasia em que tudo o que sabemos a nosso respeito só é verdadeiro para nós mesmos. Nossa verdade é só nossa, de mais ninguém, e isso inclui nossos filhos e nossos pais. Reflita sobre o que você acredita sobre si mesmo e naquilo que sua mãe acredita a seu respeito. Ela pode dizer que o conhece muito bem, mas não faz ideia de quem você realmente é. Você sabe que ela não o conhece. Do mesmo modo, você pode acreditar que conhece sua mãe muito bem, mas não faz ideia de quem ela realmente é. Ela tem fantasias que nunca compartilhou com ninguém. Você não sabe, de modo algum, o que se passa na mente dela.

Se, examinando sua vida, você tentar lembrar-se do que fazia quando tinha 11, 12 anos, verá que dificilmente se lembrará de tudo. É óbvio que sempre nos lembramos das coisas mais importantes, e nunca esquecemos nosso nome, porque o ouvimos o tempo todo, mas às vezes esquecemos o nome de um amigo e até mesmo de um filho. Isso acontece porque nossa vida é feita de sonhos, muitos e pequenos sonhos que estão sempre mudando. Os sonhos tendem a dissolver-se, e esse é motivo pelo qual nos esquecemos tão facilmente de tantas coisas.

Cada ser humano tem um sonho pessoal para sua vida, e esse sonho é completamente diferente dos sonhos de todas as outras pessoas. Sonhamos de acordo com todas as crenças que temos, modificamos nosso sonho de acordo com o modo como julgamos e como sofremos julgamentos. Por isso, duas pessoas nunca têm o mesmo sonho. Num relacionamento a dois, podemos fingir que somos iguais à outra pessoa, que pensamos da mesma forma que ela, que sentimos do mesmo modo, que temos o mesmo sonho, mas de jeito nenhum isso pode acontecer. Nesse relacionamento existem dois sonhadores, com dois sonhos diferentes. Cada sonhador sonha à sua própria maneira. Por essa razão, precisamos aceitar as diferenças que existem entre dois sonhadores. Um precisa *respeitar* o sonho do outro.

É possível manter milhares de relacionamentos ao mesmo tempo, mas cada um deles é sempre entre duas pessoas, nunca mais de duas.

Tenho um relacionamento à parte com cada um de meus amigos, e isso é entre nós dois apenas. Tenho um relacionamento à parte com cada um de meus filhos, e todos esses relacionamentos são diferentes. Dependendo do modo como as duas pessoas envolvidas sonham, elas criam a direção daquele sonho que chamamos de *relacionamento*. Cada relacionamento que uma pessoa tem, com o pai, a mãe, um irmão, um amigo, é único, porque nele existe um pequeno sonho em comum. Um relacionamento torna-se um ser vivo, criado por dois sonhadores.

Assim como nosso corpo é feito de células, nossos sonhos são feitos de emoções. Essas emoções vêm de duas fontes principais: a emoção do medo e a emoção do amor. Experimentamos essas duas emoções principais, mas a que predomina na vida de todo mundo é o medo. Podemos dizer que o tipo normal de relacionamento neste mundo é baseado em 95 por cento de medo e cinco por cento de amor. É óbvio que isso varia, dependendo das pessoas, mas, mesmo que a base seja de sessenta por cento de medo e quarenta por cento de amor, ainda assim o que predomina é o medo.

A fim de tornar essas emoções compreensíveis, podemos descrever certas características do amor e do medo no que chamo de "trilha do amor" e "trilha do medo". Essas duas trilhas são meros pontos de referência que usamos para ver como estamos conduzindo nossa vida. Ajudam a mente lógica a compreender e a tentar exercer algum controle sobre nossas escolhas. Vamos, então, examinar algumas características do amor e do medo.

O amor não tem obrigações. O medo é cheio de obrigações. Na trilha do medo, fazemos tudo o que fazemos porque *temos* de fazer, e esperamos que as outras pessoas façam algo porque *têm* de fazer. Quando temos a obrigação de fazer alguma coisa,

58 ❧ *O domínio do amor*

opomos resistência. Quanto maior a resistência, maior o sofrimento. Mais cedo ou mais tarde, tentaremos fugir de nossas obrigações. Por outro lado, não existe resistência no amor. Quando fazemos alguma coisa, é porque *queremos* fazer. E isso se torna um prazer. É como uma brincadeira, e nos divertimos. O amor não tem expectativas. O medo é cheio delas. Fazemos algo porque fazê-lo satisfaz uma expectativa nossa, e esperamos que os outros façam o mesmo. É por isso que o medo fere, e o amor, não. Esperamos que alguma coisa aconteça e, quando não acontece, ficamos magoados, porque não é justo. Criticamos os outros por não satisfazerem nossas expectativas. Quando amamos, não esperamos nada, fazemos algo porque queremos fazer e sabemos que, se as outras pessoas fazem ou não o mesmo, é porque querem ou não querem fazer, que não há nada de pessoal nisso. Quando não esperamos que algo aconteça, não nos ferimos. Está tudo bem, aconteça, ou não. Assim, é difícil alguma coisa nos ferir, quando amamos. Não esperamos que a pessoa a quem amamos faça determinada coisa e não temos a obrigação de fazer nada.

O amor é baseado no respeito. O medo não respeita coisa alguma, nem a si mesmo. Se eu sinto pena de uma pessoa, é porque não a respeito. Acho que ela não consegue fazer suas próprias escolhas. No momento em que tenho de escolher por ela, não a estou respeitando. Se eu não respeitá-la, vou tentar controlá-la. Quando dizemos aos nossos filhos como eles têm de dirigir a própria vida, na maioria das vezes não os estamos respeitando. Sentimos pena e tentamos fazer por eles o que eles

A *trilha do amor, a trilha do medo* 〰 59

deveriam fazer por si mesmos. Quando eu não me respeito, sinto pena de mim. Acho que não sou bom o bastante para me sair bem neste mundo. Como você sabe que não está se respeitando? Quando diz: "Coitado de mim! Não sou forte, não sou inteligente, não sou bonito. Não, não vou me sair bem." A autocomiseração vem do desrespeito.

O amor é implacável, não sente pena de ninguém, mas tem compaixão. O medo é cheio de piedade, sente pena de todo mundo. Você tem pena de mim quando não me respeita, quando acha que não sou forte o bastante para ser bem-sucedido. O amor, por outro lado, respeita: "Amo você, sei que vai conseguir. Sei que é forte, inteligente e bom o bastante para fazer suas próprias escolhas. Não preciso escolher por você. Você vai se sair bem. Se cair, posso estender-lhe a mão, ajudá-lo a levantar-se e dizer-lhe para ir em frente." Isso é demonstrar compaixão, que não é o mesmo que sentir pena. A compaixão vem do respeito e do amor. A piedade vem da falta de respeito e do medo.

O amor é completamente responsável. O medo evita assumir responsabilidades, mas isso não significa que seja irresponsável. Tentar fugir da responsabilidade é um dos maiores erros que cometemos, porque cada um de nossos atos tem suas consequências. Tudo o que pensamos, tudo o que fazemos, tem consequência. Se fazemos uma escolha, obtemos um resultado ou uma reação. Se não fazemos nenhuma escolha, também obtemos um resultado ou uma reação. Vamos sentir o efeito de nossos atos, de um jeito ou de outro. Por isso, cada ser humano

60 ~ *O domínio do amor*

é completamente responsável por seus atos, mesmo que não queira ser. Outras pessoas podem querer pagar por seus erros, mas você terá de assumir a responsabilidade de qualquer maneira e, então, pagará em dobro. Quando os outros procuram ser responsáveis por você, apenas criam um drama ainda maior.

O amor é sempre gentil. O medo é sempre rude. Tendo medo, somos cheios de obrigações, de expectativas, não temos respeito, fugimos das responsabilidades e sentimos pena. Como podemos nos sentir bem, se carregamos tanto medo? Nós nos julgamos vítimas de tudo, ficamos enfurecidos, tristes ou enciumados, nos sentimos traídos.

A raiva nada mais é do que o medo mascarado. A tristeza é o medo mascarado. O ciúme é o medo mascarado. Com todas essas emoções que nascem do medo e criam sofrimento, nós apenas podemos fingir que somos gentis. Não podemos ser gentis porque não nos sentimos bem, porque não somos felizes. Mas quem caminha pela trilha do amor não tem obrigações nem expectativas. Não sente pena de si mesmo, nem do parceiro. Tudo vai bem para essa pessoa, e é por isso que ela sempre traz um sorriso no rosto. Sente-se bem a respeito de si mesma e, por ser feliz, é gentil. O amor é sempre gentil, e essa gentileza nos torna generosos, abre todas as portas. O amor é generoso. O medo é egoísta e fecha todas as portas.

O amor é incondicional. O medo é cheio de condições. Na trilha do medo, eu amo você, *se* você deixa que eu o controle, *se* é bom para mim, *se* está de acordo com a imagem que faço de você. Crio uma imagem do que você deve ser e, porque você não é, nem nunca será igual a essa imagem, eu o julgo e condeno. Muitas vezes, você até me envergonha, porque não é o que eu queria que fosse. Se não está de acordo com a imagem que crio, isso me deixa embaraçado, me aborrece, e eu não tenho nenhuma paciência com você. Minha gentileza é fingida.

Na trilha do amor, porém, não existe nenhum "se", não há condições. Amo você sem nenhum motivo, sem justificativas. Amo você do jeito que é, deixando-o livre para ser o que é. Se não gosto do jeito que você é, então é melhor eu procurar a companhia de outra pessoa, que seja do jeito que eu gosto. Não temos o direito de querer mudar quem quer que seja, e ninguém tem o direito de nos querer mudar. Se mudamos é porque desejamos essa mudança, porque não queremos continuar sofrendo.

A maioria das pessoas vive a vida inteira andando pela trilha do medo. Permanecem num relacionamento porque acham que *têm* de fazer isso. Permanecem num relacionamento no qual estão cheias de expectativas no que diz respeito a seus parceiros e a respeito de si mesmas. A causa de todo esse drama e sofrimento é o fato de nós, humanos, usarmos os canais de comunicação que já existiam antes de nascermos. As pessoas julgam e são julgadas, são maledicentes, reúnem-se com amigos ou colegas de bar para falar mal dos outros. Fazem os membros de suas famílias odiarem-se. Acumulam venenos emocionais e depois lançam-nos sobre os filhos. "Vejam o que seu pai fez comigo! Não sejam como ele." "Todos os homens são assim." "As mulheres são todas iguais." É isso o que fazemos com as pessoas a quem mais amamos: nossos filhos, nossos amigos, nossos parceiros.

Na trilha do medo, estamos cercados de tantas condições, tantas expectativas e obrigações, que criamos uma porção de regras, apenas com a finalidade de nos protegermos da dor emocional, quando, na verdade, não devia existir nenhuma regra. As regras afetam a qualidade dos canais de comunicação entre as pessoas, porque, quando sentimos medo, mentimos. Se você espera que eu seja de determinado jeito, eu me sinto na obrigação de ser desse jeito. Mas não sou o que você quer que eu seja. Quando ajo com honestidade e não finjo ser de outro jeito, você fica magoado, fica furioso. Então, minto, porque tenho medo de seu julgamento. Tenho medo de que você me acuse, me condene e me castigue, porque sei que, sempre que se lembrar, você vai me punir novamente, pelo mesmo erro.

Na trilha do amor existe justiça. Se você comete um erro, paga por ele apenas uma vez e, se realmente ama a si mesmo, aprende a lição. Na trilha do medo não há justiça. Você se obriga a pagar mil vezes pelo mesmo erro. Faz seu parceiro ou seu amigo pagar mil vezes pelo mesmo erro. Isso cria um senso de injustiça e abre muitas feridas emocionais. Os humanos fazem de tudo um drama, até mesmo das coisas mais simples e pequenas. Vemos esses dramas em relacionamentos no inferno, porque os casais andam pela trilha do medo.

A trilha do amor, a trilha do medo ~ 63

Todo relacionamento é dividido em duas metades. Uma metade é sua, a outra pode ser de seu filho, sua filha, seu pai, sua mãe, seu amigo, seu parceiro. Você é responsável apenas pela sua metade. Não é responsável pela outra. Não importa o quanto você se sinta ligado à outra pessoa, não importa com que intensidade julgue amá-la, de modo algum poderá ser responsável pelo que existe na mente dela. A verdade é essa, mas o que é que nós fazemos? Tentamos ser responsáveis pela outra metade, e é por isso que os relacionamentos no inferno são baseados no medo, no drama, na guerra pelo comando.

Se entramos numa guerra tentando assumir o comando, é porque não temos respeito. Não amamos. É puro egoísmo, não amor. Só queremos aquelas pequenas doses que fazem com que nos sintamos bem. Quando não temos respeito, surge a guerra pelo comando, porque cada pessoa sente-se responsável pela outra. Eu preciso controlar você, porque não o respeito. Preciso ser responsável por você, porque qualquer coisa que lhe aconteça vai me ferir, e eu quero evitar a dor. Então, se vejo que você não está sendo responsável, vou perturbá-lo o tempo todo, tentando fazê-lo ser. Mas você tem de ser responsável de acordo com meu ponto de vista, o que não significa que eu esteja certo.

É isso o que acontece quando andamos pela trilha do medo. Como não há respeito, ajo como se você não fosse inteligente o bastante para saber o que é bom para si e o que não é. Presumo que você não é forte o bastante para entrar em determinadas situações e saber se defender. Tenho de estar no comando e

64 ❧ *O domínio do amor*

dizer: "Deixe-me fazer isso por você", ou "Não faça isso". Tento anular sua metade do relacionamento e assumir o controle de tudo. Mas, se assumo o comando do relacionamento inteiro, você perde sua parte. Não, isso não funciona.

Em conjunto, as duas metades compartilham de tudo, criam juntas o mais maravilhoso dos sonhos. Mas cada uma delas tem um sonho próprio, vontade própria, e a outra, por mais que tente, nunca poderá controlar o que ela sonha, o que quer. Nós temos escolha. Podemos criar um conflito, uma guerra pelo comando, ou podemos nos tornar companheiros de brincadeiras, colegas de time, que nunca jogarão um contra o outro.

Quando você joga tênis em dupla, tem um parceiro, e vocês dois formam uma equipe. Um não joga contra o outro, nunca. Mesmo que joguem de maneira diferente, têm um mesmo objetivo: divertir-se juntos, com companheirismo. Você não se divertirá se tiver um parceiro que queira controlar seu modo de jogar, mandando-o fazer isto ou aquilo, dizendo que joga de maneira errada. Logo não desejará mais jogar com aquele parceiro, porque, em vez de fazer parte de uma equipe, ele só quer comandar o jogo. Sem o conceito de equipe, os dois vão sempre estar em conflito. Tudo começa a melhorar, numa parceria, num relacionamento amoroso, quando as duas partes se veem como membros de uma equipe. Num relacionamento, como num jogo, a questão não é ganhar ou perder. Jogamos porque desejamos nos divertir.

Na trilha do amor, você dá mais do que recebe. E, naturalmente, ama tanto a si mesmo, que não permite que pessoas egoístas aproveitem-se de você. Não procurará vingar-se, mas será objetivo em seu modo de comunicar-se. Dirá: "Não gosto quando você tenta aproveitar-se de mim, quando me desrespeita, quando é rude comigo. Não preciso que ninguém abuse de mim, seja verbal, emocional ou fisicamente. Não preciso ouvi-lo me xingar o tempo todo. Não que eu seja melhor do que você, mas porque eu amo a beleza. Adoro rir. Adoro me divertir. Adoro amar. Não sou egoísta, mas não preciso conviver com uma vítima. Isso não quer dizer que eu não amo você, mas não posso me responsabilizar por seu sonho. Se está num relacionamento comigo, isso deve ser difícil para seu parasita, porque não reajo, de modo algum, a todas as besteiras que você diz e faz." Isso não é egoísmo, isso é amor-próprio. Egoísmo, controle e medo acabam com qualquer relacionamento. Generosidade, liberdade e amor criam o mais lindo dos relacionamentos, um romance em andamento.

Dominar a arte do relacionamento depende de você. O primeiro passo é ter consciência de que cada pessoa tem um sonho próprio. Assim que souber disso, será responsável pela sua metade do relacionamento, isto é, por você mesmo. Se souber que é responsável apenas pela sua metade do relacionamento, poderá controlá-la facilmente. Não é tarefa sua controlar a outra metade. Se tem respeito, você sabe que seu parceiro, amigo, filho, sua mãe são responsáveis pela outra metade do relacionamento que cada um deles tem com você. Quando cada uma das metades respeita a outra, sempre haverá paz no relacionamento. Não há guerra.

66   ❧   *O domínio do amor*

Quando compreendemos o que é o amor e o que é o medo, descobrimos a melhor maneira de comunicar nosso sonho aos outros. A qualidade dessa comunicação depende da escolha que fazemos a cada momento, entre sintonizar nosso corpo emocional com o amor ou com o medo. Se você se pegar andando pela trilha do medo, transfira sua atenção imediatamente para a trilha do amor. Só de perceber aonde está, transferindo sua atenção, fará tudo a sua volta mudar.

Por fim, se tiver consciência de que nenhuma outra pessoa poderá fazê-lo feliz, que sua felicidade resulta do amor que sai de você, terá aprendido a maior arte dos toltecas, o domínio do amor.

Podemos falar sobre o amor e escrever mil livros a respeito, mas o amor será algo completamente diferente para cada um de nós, porque temos de experimentá-lo. O amor não tem nada a ver com conceitos, mas com ação. O amor em ação só pode produzir felicidade. O medo em ação só pode produzir sofrimento.

O único modo de dominarmos o amor é praticando-o. Não é necessário justificar o amor que sentimos, ou explicá-lo. Basta que o pratiquemos. A prática cria o mestre.

5

O relacionamento perfeito

*I*magine um relacionamento perfeito. Imagine que se sente sempre intensamente feliz, porque o parceiro com quem vive é o homem perfeito ou a mulher perfeita para você. Como descreveria a vida com essa pessoa?

Bem, o modo como você se relaciona com seu parceiro é exatamente o modo como se relaciona com um cão. Um cão é um cão. Por mais que você faça, ele sempre será isso. Não é possível transformá-lo num gato ou num cavalo. Ele é o que é.

Aceitar esse fato em suas relações com outros humanos é muito importante. Não se pode mudar os outros. Ou nós os amamos do jeito que eles são, ou não amamos. Tentar modificá-los para que se tornem aquilo que queremos que sejam é o mesmo que tentar transformar um cachorro num gato, ou um gato num cavalo. A verdade é essa. As pessoas são como

68 ❧ *O domínio do amor*

são, você é como é. Dançamos ou não dançamos. Precisamos ser completamente honestos com nós mesmos, dizer o que desejamos, decidir se queremos dançar, ou não. É necessário compreender isso, porque se trata de algo muito importante. Quando compreendemos, conseguimos ver a verdade a respeito das outras pessoas, não apenas aquilo que desejamos ver.

Se você tem um gato ou um cachorro, reflita sobre a maneira pela qual se relaciona com seu bichinho de estimação. Vamos considerar seu relacionamento com um cachorro, por exemplo. O animal sabe como manter um relacionamento perfeito com você. Quando seu cachorrinho faz alguma coisa errada, o que você faz? Ele não se importa com o que você possa fazer e continua dando-lhe seu amor. Não tem nenhuma expectativa. Isso não é maravilhoso? Mas, e quanto a namorada ou namorado, a esposa ou o marido? Esses têm muitas expectativas, que estão mudando o tempo todo.

O cachorro responsabiliza-se pela metade do relacionamento que tem com você. Essa metade está sempre completamente normal. Quando você chega em casa, o cão late com alegria, abana a cauda e até ofega, de tão feliz que fica por vê-lo outra vez. Ele faz sua parte muito bem, e você sabe que tem o cachorro perfeito. Você também faz sua parte de maneira quase perfeita, pois assume sua responsabilidade, alimenta o cachorro, brinca com ele, dispensa-lhe todos os cuidados. Ama seu animal de modo incondicional e fará quase qualquer coisa por ele. Você faz sua parte muito bem, e seu cão faz a dele perfeitamente.

Se a maioria das pessoas é capaz de imaginar esse tipo de relacionamento com um animal, por que, então, elas acham

O relacionamento perfeito 69

difícil fazer o mesmo quando se trata de um homem ou de uma mulher? Um cão é um cão, e você se satisfaz com isso. Não precisa ser responsável por ele para transformá-lo num cachorro. Um animal não tenta ser um bom ser humano, um bom dono. Então, por que não podemos permitir que uma mulher seja uma mulher, que um homem seja um homem, e amar esse ser humano do jeito que ele é, sem tentar mudá-lo?

Talvez você pense: "Mas, e se eu não estiver com o homem certo, com a mulher certa?" Essa é uma pergunta muito importante. É óbvio que você precisa escolher a mulher certa ou o homem certo. E quem é o homem certo? Quem é a mulher certa? Alguém que deseja caminhar na mesma direção que você, alguém que compartilha de seus pontos de vista, de seus valores, que é compatível com você, emocionalmente, fisicamente, economicamente e espiritualmente.

Como saber se seu parceiro é o ideal para você? Vamos supor que você seja um homem que vai ser escolhido por uma mulher. Há cem mulheres procurando um homem, e todas o consideram uma possibilidade. Para quantas dessas mulheres você representa o homem certo? A resposta é: *você não sabe*. É por isso que você tem de correr o risco. Mas posso lhe dizer que a mulher certa para você é a mulher que você ama do jeito que ela é, a mulher a quem você não sente nenhuma necessidade de mudar. Terá muita sorte se encontrar a mulher certa para você, e se também for o homem certo para ela.

Você é o homem certo para essa mulher se ela o ama do jeito que você é, se não deseja mudá-lo. Ela não precisa ser responsável por você, pois acredita que você é o que alega ser,

70 ❧ *O domínio do amor*

que é verdadeira a imagem que projeta. Pode ser totalmente honesta e projetar para você o que de fato é. Não chegará até você fingindo ser uma coisa que, mais tarde, você descobrirá que não é. A pessoa que o ama, *ama-o do jeito que você é*. Se uma pessoa tenta mudá-lo, isso significa que você não é o que ela deseja. Então, por que está com você?

É fácil para você amar seu cachorro, porque ele não forma opiniões a seu respeito e ama-o incondicionalmente. Isso é importante. Então, se seu parceiro ama você do jeito que você é, ama-o do mesmo modo que o cachorro o ama. Ao lado dele, você pode ser o que é, pode ser um homem, ou uma mulher, da mesma maneira que um cachorro pode ser um cachorro.

Quando você conhece uma pessoa, logo após as apresentações, ela começa a lhe dar informações sobre si mesma. Mal pode esperar para compartilhar seu sonho com você. Abre-se, mesmo que não saiba que está se abrindo. É tão fácil para você ver uma pessoa do jeito que ela realmente é! Não precisa mentir para si mesmo. Vê o que lhe está sendo oferecido e decide se deseja comprar, ou não. Não pode, depois, culpar a pessoa por ser um gato, um cachorro ou um cavalo. Se queria um cachorro, por que aceitou um gato? Se queria um gato, por que escolheu um cavalo?

Sabe que tipo de homem ou mulher você quer? Você quer a pessoa que faz seu coração cantar, que o ama do jeito que você é. Por que aceitar outra coisa? Por que não escolher aquilo que realmente quer? Por que fingir que é capaz de fazer uma pessoa ser o que não é? Não significa que você não ama essa pessoa, mas sim que é livre para escolher, para dizer "sim" ou "não", porque ama a si mesmo também. Você faz escolhas e é responsável por elas. Então, quando uma escolha não dá certo, você não se culpa. Simplesmente faz outra.

Vamos supor que você tenha um cachorro, mas que adore gatos. Quer que o cão comporte-se como um gato e tenta mudá-lo, porque ele nunca diz "miau". Por que escolheu um cachorro, então? Arrume um gato! É a única maneira de iniciar um magnífico relacionamento.

Primeiro, precisamos saber o que queremos, até que ponto e quando. Temos de saber quais são as necessidades do nosso corpo e da nossa mente, precisamos descobrir o que é melhor para nós.

Existem milhões de homens e mulheres, e cada um deles é um ser único. Alguns deles combinariam muito bem com você, mas outros não combinariam, de modo algum. Você pode amar todas as pessoas, mas, para viver com uma só, todos os dias, é preciso que tenha afinidade com ela. Essa pessoa não precisa ser exatamente igual a você, mas é necessário que os dois sejam como a chave e a fechadura, uma combinação que funcione.

Você precisa ser honesto consigo mesmo e honesto com o resto do mundo. Projete o que acha que realmente é, nunca finja ser o que sabe que não é. É a mesma coisa que estar no mercado, onde você vai vender a si mesmo, mas também vai comprar. Na compra, faz questão de examinar a qualidade do produto que lhe interessa. Na venda, também precisa mostrar o que é. Não se trata de ser melhor ou pior do que os outros, mas de ser o que é.

Então, quando encontra o que deseja, por que não assume o risco e compra? Por outro lado, por que compra algo que realmente não deseja, se sabe que vai ter de pagar um preço alto por isso? Depois, não fique chorando por aí, dizendo que seu parceiro judia de você. Estava nítido que não devia ter feito aquela compra. Não minta para si mesmo. Não invente nas pessoas qualidades que elas não têm. O fato é que, se escolher o que quer, descobrirá que esse relacionamento é igual ao que tem com seu cachorro, só que ainda melhor.

Enxergue o que há a sua frente. Não se faça de cego, nem finja estar vendo coisas que não existem. Não negue que está vendo algo que não o agrada, só para comprar uma mercadoria que, no fim, não suprirá suas necessidades. Quando compra alguma coisa de que não precisa, acaba deixando-a encostada no quarto de despejo. Acontece o mesmo num relacionamento. Lógico, podemos levar anos para aprender essa dolorosa lição, mas aprender já é um bom começo. Aprendendo, o resto será mais fácil, porque você poderá ser você mesmo.

Talvez você já tenha investido um bom período de tempo num relacionamento. Se preferir continuar, ainda pode ter um novo começo, aceitando e amando seu parceiro do jeito que ele é. Mas, antes, será necessário recuar um passo. Você terá de se aceitar e amar a si mesmo, do jeito que é. Só poderá expressar o que realmente é, se aceitar-se e amar-se como é. Você é o que é, e mais nada. Não precisa fingir ser outra pessoa. Quando fingimos ser o que não somos, o que nos espera é sempre a derrota.

O relacionamento perfeito ✒ 73

Você se aceitou como é, então o próximo passo será aceitar seu parceiro. Se decidir ficar com essa pessoa, não tente mudá-la em nada. Assim como faz com seu cão ou seu gato, deixe-a ser o que é. Ela tem o direito de ser o que é, tem o direito de ser livre. Quando você limita a liberdade de outra pessoa, limita a sua também, porque tem de ficar por perto, para ver se ela se comporta, o que faz e o que deixa de fazer. E, se de fato você amar a si mesmo intensamente, jamais abrirá mão de sua liberdade.

Consegue ver as possibilidades que um relacionamento oferece? Explore-as. Seja você mesmo. Procure uma pessoa que combine com você. Assuma o risco, mas seja honesto. Se der certo, vá em frente. Se não der, faça um favor a si mesmo e a seu parceiro: vá embora, ou deixe-o ir. Não seja egoísta. Dê a seu parceiro a oportunidade de descobrir o que realmente quer, dando a si próprio a mesma oportunidade. Se ficar evidente que o relacionamento não vai dar certo, é melhor que cada um siga seu caminho. Se você não consegue amar seu parceiro do jeito que ele é, outra pessoa será capaz disso. Não desperdice seu tempo, nem o tempo de seu parceiro. Isso é respeito.

Se você for o fornecedor de drogas, e seu parceiro for o dependente, se não é isso o que você quer, talvez seja mais feliz com outra pessoa. Mas se decidir manter o relacionamento, faça o melhor que puder. Faça o melhor que puder, porque será você quem receberá a recompensa. Se é capaz de amar seu parceiro do jeito que ele é, se é capaz de abrir-lhe seu coração completamente, chegará ao céu, levado por seu amor.

Se você já tem um gato e quer um cachorro, o que pode fazer? Pode começar a praticar daqui por diante. Tem de alme-

74   *O domínio do amor*

jar um recomeço, mas cortando todos os laços com o passado, começando tudo do zero. Não deve manter nenhuma ligação com o passado. Todos nós podemos mudar, e essa mudança pode ser para melhor. Será um novo começo esquecer tudo de ruim que aconteceu entre você e seu parceiro. Esqueça, porque tudo aquilo não foi mais do que coisas geradas pela importância que cada um de vocês deu a si mesmo. Tudo não passou de um mal-entendido. Você foi magoado, seu parceiro foi magoado, e ambos procuraram vingar-se. Não vale a pena deixar que o que aconteceu no passado arruíne sua possibilidade de alcançar o céu num relacionamento. Tenha coragem e procure conquistar cem por cento desse céu, ou desista de uma vez desse relacionamento. Esqueça o passado e comece cada dia com um nível mais alto de amor. Isso manterá a chama acesa e fará seu amor crescer cada vez mais.

É óbvio que você precisa descobrir o que significa ter bons momentos e maus momentos. Se maus momentos significam abusos físicos ou morais, não sei se um casal deve continuar junto. Mas há aqueles maus momentos de um tipo completamente diferente: algo deu errado na profissão, alguém sofreu um acidente, ou perdeu o emprego. Se os maus momentos são gerados pelo medo, pela falta de respeito, pela humilhação, pelo ódio, não sei dizer a quantos deles um casal poderá sobreviver.

No relacionamento com seu cachorro, você pode ter um mau momento. Por uma razão ou outra, isso acontece, talvez por causa de um acidente, de um dia ruim no trabalho, qualquer coisa. Então, você chega em casa, e o cão o recebe, latindo e

O *relacionamento perfeito* 〰 75

abanando a cauda, pedindo sua atenção. Você não está com vontade de brincar com ele, mas o cachorro não se magoa, porque não toma isso como uma ofensa pessoal. Assim que acaba de comemorar sua chegada e percebe que você não quer brincar, ele se afasta e vai brincar sozinho. Não fica a sua volta, insistindo, querendo forçá-lo a ficar alegre.

Às vezes, você recebe mais apoio de seu cachorro do que de um parceiro que quer obrigá-lo a sentir-se feliz. Se você não está com vontade de se alegrar, se só quer ficar quieto, isso não é nada pessoal, não tem nada a ver com seu parceiro. Talvez tenha tido um problema e deseje ficar calado. Mas seu silêncio leva seu parceiro a tecer uma porção de hipóteses: "O que foi que eu fiz? Devo ter feito alguma coisa." Não, não fez. Se você ficar quieto em seu canto, a tensão se desfará, e a alegria voltará.

É por isso que a chave e a fechadura têm que formar um par. Se um dos dois envolvidos num relacionamento passar por um mau momento ou tiver uma crise emocional, o outro o deixará em paz, porque ambos têm um acordo, segundo o qual permitem que cada um seja o que é. Esse tipo de relacionamento já é outra história, tem outro jeito de ser, e tudo pode ser muito bonito.

O relacionamento é uma arte. O sonho criado por dois é mais difícil de conduzir com mestria do que o criado por um só. Para que ambos sejam felizes, cada um tem de manter sua metade perfeita. Você é responsável por sua metade, na qual pode ser encontrada uma certa quantidade de lixo. Seu lixo é

76 ❧ *O domínio do amor*

apenas seu. Quem tem de lidar com ele é você, não seu parceiro. Se ele tentar remover o lixo que é seu, vai acabar quebrando o nariz. E temos de aprender a não meter o nariz onde não fomos chamados.

O mesmo acontece com a metade de seu parceiro. Ali também há uma certa quantidade de lixo. Você sabe, mas deixa que ele cuide disso. Vai amá-lo e aceitá-lo com todo seu lixo. Vai respeitar o lixo dele. Não está nesse relacionamento para limpar a metade de seu parceiro, que fará isso sozinho.

Mesmo que ele peça sua ajuda, você tem a opção de dizer não. Isso não significa que você não o ame ou não o aceite. Quer dizer apenas que não está disponível ou que não se sente disposto a entrar naquele jogo. Por exemplo, se seu parceiro ficar zangado, diga: "Você tem todo o direito de se zangar, mas não é porque está zangado que vou me zangar também. Não fiz nada para provocar sua raiva." Não precisa, de maneira alguma, aceitar a raiva de seu parceiro, mas pode permitir que ele se enfureça. Não há necessidade de discutir para permitir que ele seja o que é, para deixar que se cure sem interferir. Além disso, você também pode optar por não deixá-lo interferir no seu processo de cura.

Vamos supor que você seja homem e que se sinta feliz. Mas, por algum motivo, sua parceira não consegue sentir-se feliz. Ela tem seus problemas, está lidando com seu lixo, e sente-se infeliz. Como você a ama, lhe dará apoio, mas não será infeliz só porque ela é. Isso não é apoiar. Se você ficar infeliz por causa da infelicidade dela, ambos afundarão. Mas, se você se mantiver feliz, a ajudará a recuperar sua felicidade.

Da mesma forma, se você estiver infeliz, e ela, feliz, a felicidade dela será seu apoio. Para o seu bem, nem tente torná-la infeliz também. Seja o que for que aconteça em seu ambiente de trabalho, não despeje seu veneno em cima da parceira quando chegar em casa. Fique calado, mas deixe-a saber que não se trata de nada pessoal, que você está apenas lidando consigo. Diga: "Continue alegre, continue brincando, e me juntarei a você, assim que puder participar de sua alegria. No momento, porém, preciso ficar sozinho."

Se você compreendeu o conceito da mente ferida, compreenderá por que razão os relacionamentos amorosos são tão difíceis. O corpo emocional está doente, está coberto de feridas, cheio de venenos. Se não percebermos que estamos doentes, ou que nosso parceiro está, nos tornaremos egoístas. As feridas são dolorosas, e precisamos protegê-las, evitando até mesmo o toque das pessoas a quem amamos. Mas se tivermos consciência da moléstia, nos comportaremos de maneira diferente. Quando amamos nosso parceiro e percebemos que ele está doente emocionalmente, com certeza evitamos tocar em suas feridas. Também não o pressionamos para que se cure, da mesma forma que não queremos que ele nos pressione.

Assuma o risco e a responsabilidade de assumir um novo compromisso com seu parceiro, não um compromisso que aprendeu num livro, mas um que funcione para vocês. Se não funcionar, use a imaginação e explore outras possibilidades que lhe permitam criar um novo compromisso baseado no amor e no respeito. A comunicação através do amor e do respeito é a única maneira de manter viva a chama do amor e de proteger o relacionamento do tédio. Trata-se de erguer a voz e expressar nossas necessidades, confiando em nós mesmos e em nossos parceiros.

Não é o lixo que você vai compartilhar com a outra pessoa, mas seu amor, seu romantismo, sua compreensão. O objetivo de tudo é fazer com que os dois sejam sempre mais felizes, e isso exige um amor cada vez maior. Você é o homem perfeito ou a mulher perfeita, e seu parceiro é o ser humano perfeito, assim como o cachorro é o cachorro perfeito. Se tratar seu parceiro com amor e respeito, quem vai ser beneficiado? Você, e mais ninguém.

Cure sua metade, e será feliz. Se conseguir isso, estará pronto para um relacionamento, sem medo, sem dependência. Mas nunca se esqueça de que pode curar apenas a *sua* metade. Se ocupar-se dela, enquanto seu parceiro trabalha na metade dele, o progresso será rápido. É o amor que dá felicidade. Se você e seu parceiro forem servos do amor, as possibilidades são infinitas. Um dia, você estará ao lado de seu parceiro sem sentimento de culpa, remorso, raiva ou tristeza. Tudo se torna maravilhoso quando conseguimos nos abrir completamente, dispostos apenas a compartilhar, servir e dar nosso amor sem reservas.

Quando duas pessoas decidem formar um par, quando se escolhem e se amam, estão ali para servir amor um ao outro.

Em cada beijo, em cada toque, um sente que está ali para dar felicidade ao outro, sem esperar nada em troca. Isso tem mais a ver com companheirismo do que com sexo. Mas o sexo também se torna maravilhoso, algo completamente diferente. Transforma-se em uma comunhão, uma entrega completa, uma dança, uma arte, uma suprema expressão de beleza.

Vocês podem assumir o seguinte compromisso: "Gosto de você, que é uma pessoa maravilhosa, e em sua companhia me sinto bem. Trarei as flores, você providenciará música suave. Dançaremos, e juntos subiremos às nuvens." Um relacionamento assim é belo, magnífico, romântico. Não se trata mais de lutar pelo comando, mas de servir. No entanto, uma pessoa só poderá fazer isso quando o amor por si mesma for forte o bastante.

6

A cozinha mágica

*F*aça de conta que a cozinha de sua casa é mágica. Ali, você pode conseguir qualquer alimento que deseje, de qualquer parte do mundo, em qualquer quantidade. Não precisa preocupar-se com o que vai comer. Seja lá o que for que deseje, aparecerá em sua mesa. Você é muito generoso e divide sua comida com outras pessoas, incondicionalmente, sem esperar receber algo em troca. Compartilha suas refeições com qualquer um que apareça, apenas pelo prazer de dar, e sua casa está sempre cheia de gente, comendo o que é produzido em sua cozinha mágica.

Então, um dia, alguém bate à sua porta. Você abre e vê uma pessoa segurando uma pizza. A pessoa olha para você e diz: "Está vendo esta pizza? Eu a darei a você se me deixar comandar sua vida, se fizer apenas aquilo que quero que faça. Nunca passará fome, porque eu trarei uma pizza todos os dias. Tudo o que tem a fazer é ser bom para mim."

Dá para imaginar sua reação? Sua cozinha também pode lhe dar uma pizza, ainda muito melhor. No entanto, essa pessoa aparece e lhe oferece comida, exigindo em troca que você faça tudo o que ela quiser. Certamente você vai rir e responder: "Não, muito obrigado. Tenho muita comida, não preciso da sua. Você pode entrar e comer o que quiser, sem precisar fazer nada. Nem pense que vai conseguir me obrigar a fazer o que quer que eu faça. Ninguém me manipula com comida."

Agora, vamos imaginar o contrário. Faz várias semanas que você não come. Está quase morrendo de fome e não tem dinheiro para comprar algo para comer. Uma pessoa aparece com uma pizza e diz: "Tem comida aqui. Pode comer, se fizer tudo o que eu quiser que faça." Você sente o cheiro da pizza, e está realmente faminto. Decide aceitar comê-la e fazer tudo o que a pessoa quiser. Come, e a pessoa diz: "Poderá comer sempre que sentir fome, desde que faça o que eu mandar."

Naquele dia você comeu, mas reflete que no seguinte pode não ter nada, então decide que fará qualquer coisa para poder continuar comendo. Está disposto a tornar-se um escravo, só para ter o direito de comer, porque precisa de alimento e não pode comprá-lo. Então, depois de algum tempo, você começa a ter dúvidas. "O que vou fazer sem pizza? Não posso viver sem ela. E se meu parceiro decidir dá-la a outra pessoa? E se ele der *minha* pizza?"

Agora, suponha que, em vez de comida, estejamos falando de amor. Você tem amor em abundância em seu coração. Não ama apenas a si mesmo, mas o mundo todo. Tem tanto amor, que não precisa do amor de ninguém. Divide seu amor sem nenhuma condição. Você ama sem nenhum "se". É rico de amor. Um dia, alguém bate à sua porta, você abre, e a pessoa diz: "Olhe, trouxe amor para lhe dar. Pode ficar com ele, bastando que faça tudo o que eu quiser."

Como você está cheio de amor, qual é sua reação? Você ri e responde: "Obrigado, mas não preciso do seu amor. Tenho amor aqui, em meu coração, ainda maior e melhor, e dou-o aos outros sem impor nenhuma condição."

Mas, o que acontece se você está faminto de amor, se não o tem em seu coração? Alguém aparece e diz: "Quer um pouco de amor? Pode pegar, desde que faça tudo o que eu quiser que faça." Você está faminto e experimenta um pouco daquele amor, decide fazer de tudo para tê-lo sempre. Sua necessidade pode ser tão grande, que você é capaz de dar sua alma em troca de um pouco de atenção.

Seu coração é como aquela cozinha mágica. Se abri-lo, terá todo o amor de que precisa. Não precisará andar de um lado para outro, implorando um pouco de amor: "Por favor, quero que alguém me ame. Sou muito solitário. Não sou bom o bastante. Preciso que alguém me ame, para provar que mereço ser amado." Temos o amor bem aqui, dentro de nós, mas não o vemos.

Viu que drama os humanos criam quando acreditam que não têm amor? Estão famintos e, quando experimentam um

84 ⮑ *O domínio do amor*

pouco de amor que alguém lhes dá, desenvolve-se neles uma grande necessidade. Ficam obcecados por aquele amor. Então, começa o grande drama: "O que vou fazer se ele me deixar?", "Como posso viver sem ela?" Não podem viver sem o fornecedor, aquele que lhes dá pequenas doses diárias. Assim, em troca de um pouco de amor, pelo fato de estarem famintos, permitem que outras pessoas assumam o comando de sua vida. Deixam que outros lhes digam o que fazer e o que não fazer, o que vestir e o que não vestir, como comportar-se, no que acreditar. "Amarei você, se comportar-se desta maneira. Amarei você, se me deixar controlar sua vida. Amarei você, mas só se for bom para mim. Se não for assim, pode esquecer."

O problema dos humanos é que eles não sabem que têm uma cozinha mágica no coração. Todo sofrimento começa porque muito tempo atrás fechamos o coração e não mais percebemos o amor que existe lá dentro. Em um certo momento da vida, ficamos com medo de amar, porque acreditamos que o amor não é justo, que o amor machuca. Tentamos ser bons o bastante para alguém, tentamos ser aceitos e falhamos. Já amamos duas ou três pessoas, tivemos o coração partido. Amar de novo é arriscado demais.

De fato, nós nos julgamos tanto, que não conseguimos mais ter amor-próprio. E, se não temos amor nem por nós mesmos, como podemos ter a pretensão de amar outra pessoa?

Quando entramos num relacionamento, tornamo-nos egoístas porque somos necessitados. Tudo gira a nossa volta. Somos tão egoístas, que queremos que a pessoa com quem vivemos seja tão necessitada quanto nós. Queremos alguém que precise de nós, a fim de justificar nossa existência, a fim de sentir que temos uma razão para viver. Achamos que estamos procurando amor, mas estamos procurando *alguém que precise de nós*, a quem possamos controlar e manipular.

Existe essa guerra pelo comando nos relacionamentos humanos, porque fomos adestrados para competir por atenção. O que chamamos de amor — ter alguém que precise de nós, alguém que se importe conosco — não é absolutamente amor, é egoísmo. E egoísmo não funciona, porque não deixa lugar para o verdadeiro amor. Duas pessoas estão famintas de amor. Fazem sexo e nisso experimentam um pouco de amor, então ficam viciadas. Mas todos os julgamentos estão lá, interferindo. Todo o medo. Toda a culpa. Todo o drama.

Então, vão em busca de aconselhamento sobre amor e sexo. Muitos livros foram escritos sobre esse assunto e quase todos poderiam ter este título: "Como ser sexualmente egoísta." A intenção é boa, mas onde fica o amor? Esses livros não ensinam a amar. Nem poderiam, porque não há nada o que aprender sobre o amor. Tudo já está lá em nossos genes, em nossa natureza. Não precisamos aprender nada, a não ser o que inventamos neste mundo de ilusão. Procuramos o amor, sem perceber que ele nos cerca. O amor está em todos os lugares, mas não temos olhos para vê-lo. Nosso corpo emocional não está sintonizado com o amor.

Temos medo de amar porque achamos que é perigoso. O medo da rejeição nos reprime. Temos de fingir ser o que não

86 ❧ *O domínio do amor*

somos, tentamos ser aceitos por um parceiro, quando sequer aceitamos a nós mesmos. Mas o problema não é o parceiro nos rejeitar. O verdadeiro problema é que nós mesmos nos rejeitamos, porque *acreditamos* que não somos bons o bastante. A autorrejeição é o grande problema. Você nunca vai se achar suficientemente bom, porque sua ideia de perfeição é totalmente errada. É um conceito não apenas incorreto, mas irreal. No entanto, você acredita nele. Por não ser perfeito, você se rejeita, e o nível dessa rejeição depende de quanta força os adultos usaram para quebrar sua integridade quando você era criança.

Depois da domesticação, o que impera não é a ideia de que você não é bom o bastante para as outras pessoas, mas a de que não é bom o bastante para si mesmo, porque o poderoso juiz está sempre alerta, lembrando-o de sua imperfeição. Como eu disse antes, você nunca se perdoará por não ser o que deseja ser, e esse é o real problema. Se mudar isso, passará a cuidar da sua metade em qualquer relacionamento, sabendo que a outra metade não é da sua conta.

Se disser a uma pessoa que a ama, e ela responder que não ama você, isso deve ser causa de sofrimento? Não. Não é porque alguém o rejeita que você também vai se rejeitar. Se uma pessoa não o ama, outra amará. Há sempre outra pessoa. E é muito melhor manter um relacionamento com alguém que *queira* estar com você do que com alguém que *tenha* de estar.

O que você precisa fazer é dedicar sua atenção ao mais maravilhoso dos relacionamentos: aquele que tem consigo mesmo.

Não se trata de egoísmo, mas de amor-próprio. As duas coisas são diferentes. Você é egoísta consigo mesmo, quando não se ama. Precisa amar-se, e esse amor sempre crescerá. Então, quando entrar num relacionamento, não entrará porque precisa ser amado. Será uma escolha. Você poderá escolher um parceiro, vendo-o como ele realmente é. Quando não precisar do amor dele, não precisará mentir para si mesmo.

Você estará completo. Quando o amor jorrar de seu íntimo, você não procurará o amor por medo da solidão. Quando sentir aquele imenso amor-próprio, não verá problema nenhum em estar sozinho. Sentirá alegria, tanto sozinho, quanto com outra pessoa.

Vamos supor que eu goste de você e que decidimos sair juntos. Vamos sair juntos por ciúme, porque sinto a necessidade de controlá-lo, ou porque você sente necessidade de me controlar? Se for isso, nenhum de nós dois se divertirá. Se for para eu ser criticado, julgado, para me sentir mal, não, obrigado, mas não vou. Se for para sofrer, prefiro ficar sozinho. As pessoas se reúnem para fazer um drama, para se sentirem donas umas das outras, para se castigarem mutuamente, para serem salvas? É para isso que se juntam? Óbvio, todas essas escolhas são possíveis, mas o que estão realmente procurando?

Quando somos crianças, de 5, 6, 7 anos de idade, gostamos de nos reunir com outras crianças para brincar. Não nos reunimos porque desejamos brigar ou fazer de nossa reunião um grande drama. Uma briga pode acontecer, mas terá curta duração e, quando acabar, nós simplesmente continuaremos

88 🖎 *O domínio do amor*

a brincar. Quando nos entediamos, mudamos de brincadeira, mudamos as regras, inventando, explorando o tempo todo.

Se uma pessoa entra num relacionamento para fazer um drama, porque gosta de ser ciumenta, possessiva e deseja controlar a vida do parceiro, não está procurando alegria, mas sofrimento, e sofrimento é o que vai encontrar. Se uma pessoa entra num relacionamento com egoísmo, esperando que o parceiro a faça feliz, isso não acontecerá. E não será culpa do parceiro, mas dela mesma.

Quando iniciamos um relacionamento de qualquer tipo, é porque queremos compartilhar, queremos alegria, queremos nos divertir, não porque queremos nos aborrecer. Procuramos um parceiro para brincar, ser felizes, gostar do que somos. Não escolhemos um parceiro, a quem dizemos amar, para dar-lhe todo nosso lixo, para jogar em cima dele nosso ciúme, nossa raiva, nosso egoísmo. Como pode alguém dizer a você que o ama, então maltratá-lo, humilhá-lo, desrespeitá-lo? Pode dizer que ama, mas será realmente amor? Queremos o melhor para aqueles a quem amamos. Mas jogamos nosso lixo em cima de nossos filhos. Nós os maltratamos, porque estamos cheios de medo e de veneno emocional. Quanto a nossos pais e mães, nós os culpamos por todo o lixo que carregamos.

As pessoas aprendem a ser egoístas e a fechar o coração hermeticamente. Estão famintas de amor, sem saber que o coração é uma cozinha mágica. O *seu* coração é uma cozinha mágica. Abra-o. Abra sua cozinha mágica e recuse-se a andar por aí implorando por amor. Em seu coração existe todo o amor de que você precisa. Nele, você pode criar qualquer quantidade de amor, não apenas por si mesmo, mas pelo mundo todo. Você pode doar seu amor sem condições, pode distribuí-lo generosamente, porque tem uma cozinha mágica no coração. Então, todas aquelas pessoas famintas, que acreditam que o coração deve permanecer fechado, se juntarão a sua volta, em busca do seu amor.

O que lhe dá felicidade é o amor que brota de seu coração. E, se você o doar com generosidade, todo mundo vai amá-lo. Nunca estará sozinho se for generoso. Mas, se for egoísta, estará sempre sozinho e não poderá culpar ninguém, a não ser a si mesmo. É a generosidade que abre todas as portas, não o egoísmo.

O egoísmo vem de um coração pobre, da crença de que o amor não é abundante. Nós nos tornamos egoístas quando acreditamos que no dia seguinte não teremos pizza para comer. Mas, quando sabemos que nosso coração é uma cozinha mágica, somos generosos, e nosso amor é totalmente incondicional.

7

O mestre do sonho

*T*odos os seus relacionamentos podem ser curados, todos eles podem vir a ser maravilhosos, mas será você quem terá de começar essa mudança. Você precisa ter a coragem de usar a verdade, de ser completamente honesto consigo. Talvez seja difícil ser honesto com o mundo inteiro, mas todas as pessoas podem ser honestas consigo. Talvez não nos seja possível controlar o que acontece a nossa volta, mas podemos controlar nossas próprias reações. São essas reações que vão guiar o sonho de nossa vida, nosso sonho pessoal. São elas que nos tornam infelizes ou felizes.

As reações são a chave para uma vida maravilhosa. Se pudermos controlar as nossas, poderemos mudar nosso procedimento, transformar nossa vida.

Somos responsáveis pelas consequências de tudo o que fazemos, pensamos e sentimos. Talvez seja difícil compreendermos

92   🙢 *O domínio do amor*

qual ação desencadeou tal consequência — que emoção, que pensamento — mas vemos a consequência, porque ela nos traz sofrimento ou alegria. Controlamos nosso sonho pessoal, fazendo escolhas. É necessário ver se gostamos, ou não, da consequência de nossa escolha. Se for uma consequência agradável, devemos continuar com o que estávamos fazendo. Mas, se não gostarmos do que está acontecendo em nossa vida, se nosso sonho não é agradável, precisamos descobrir o que está causando essa consequência de que não gostamos. É assim que transformamos nosso sonho.

Nossa vida é a manifestação de nosso sonho pessoal. Quem conseguir mudar o programa desse sonho poderá tornar-se um mestre. Um mestre do sonho, que cria uma vida que é uma obra-prima. Mas essa mestria é um grande desafio, porque os humanos tornam-se escravos de seus sonhos. O modo como aprendemos a sonhar é todo planejado. Com toda a crença que temos, de que nada é possível, fica difícil escapar do sonho do medo. A fim de acordar, livrando-se desse sonho, é necessário dominá-lo.

Foi por isso que os toltecas criaram o Domínio da Transformação, para livrar-se do sonho antigo e iniciar um novo, em que tudo é possível, até mesmo escapar do sonho do medo. Assim, os toltecas dividem as pessoas em duas categorias: os sonhadores e os vigilantes. Os sonhadores sabem que o sonho é uma ilusão, e vivem nesse mundo, sabendo que estão iludidos. Os vigilantes são como os tigres ou os jaguares, que vigiam cada ação e reação.

O mestre do sonho 〜 93

Temos de vigiar nossas próprias reações. Trabalhar em nós mesmos o tempo todo. Isso exige tempo e coragem, porque é mais fácil levar as coisas para o lado pessoal e reagir do jeito que sempre reagimos. E isso nos leva a cometer muitos erros, a muito sofrimento, porque nossas reações impensadas apenas geram mais veneno emocional e aumentam o drama.

Se formos capazes de controlar nossas reações, logo descobriremos que somos capazes de *enxergar* — que significa perceber as coisas como realmente são. A mente percebe as coisas como elas são, mas, por causa do modo como fomos programados, de todas as crenças que temos, interpretamos o que percebemos, o que ouvimos e, principalmente, o que vemos.

Há muita diferença entre ver como as pessoas veem no sonho e ver sem fazer julgamentos. A diferença está na maneira como o corpo emocional de uma pessoa reage ao que ela percebe. Por exemplo, se você está andando na rua, e uma pessoa que não o conhece xinga-o de estúpido e se afasta, você pode reagir a isso de várias formas. Pode aceitar o que a pessoa disse e pensar: "Acho que sou mesmo estúpido." Ou pode ficar furioso, ou sentir-se humilhado, ou simplesmente ignorar o que ouviu.

A verdade é que aquela pessoa está às voltas com o próprio veneno emocional e lhe diz isso porque você é a primeira pessoa a cruzar seu caminho. Não tem nada a ver com você. Não é nada pessoal. Se conseguir enxergar essa verdade, do jeito que ela é, você não reagirá.

Podemos dizer: "Vejam como aquela pessoa está sofrendo", sem levar isso para o lado pessoal. É apenas um exemplo, que se aplica a quase tudo o que acontece a cada momento. Temos um pequeno ego que leva tudo para o lado pessoal, que nos leva a exagerar em nossas reações. Não vemos o que está na realidade acontecendo, porque reagimos instantaneamente e tornamos aquilo parte de nosso sonho.

As reações surgem de uma crença arraigada dentro de cada um. O modo como uma pessoa reage é repetido milhares de vezes, tornando-se parte de sua rotina. Ela está condicionada a ser de determinada maneira. Mudar as reações normais, a rotina, arriscar-se e fazer escolhas diferentes, tudo isso é um grande desafio. Se a consequência não for aquela que a pessoa deseja, o jeito é continuar mudando, até que o resultado seja satisfatório.

Eu disse que nunca optamos por abrigar o parasita, que é o juiz, a vítima, o sistema de crenças. Se soubermos que não tivemos escolha, se tivermos consciência de que tudo não passa de um sonho, recuperaremos algo muito importante que perdemos, algo que as religiões chamam de "livre-arbítrio". As religiões dizem que, quando Deus criou o homem, deu--lhe o livre-arbítrio. É verdade, mas o sonho tomou-o de nós e nunca mais devolveu, porque controla a vontade da maioria dos seres humanos.

Há pessoas que dizem: "Quero mudar. Quero mudar, realmente. Não há motivo para eu ser tão pobre. Sou inteligente, mereço ter uma vida boa, ganhar mais dinheiro do que ganho." Elas sabem disso, mas o que fazem? Ligam a televisão e passam horas a fio assistindo aos programas. Pode-se dizer que a força de vontade delas é grande?

Quando temos consciência, temos escolha. Se pudéssemos ter essa consciência o tempo todo, mudaríamos nossa rotina, nossas reações, nossa vida inteira. Quando temos consciência, recuperamos nosso livre-arbítrio, a qualquer momento podemos fazer a escolha de lembrar quem realmente somos. Então, se esquecermos, podemos optar por lembrar novamente, mas só se tivermos consciência, porque, se não tivermos, não teremos escolha.

Ter consciência significa ser responsável pela própria vida. Você não é responsável pelo que acontece no mundo, mas apenas por si mesmo. Não foi você quem fez o mundo ser do jeito que é. As coisas já eram assim antes de seu nascimento. Você não veio para cá com a grande missão de salvar o mundo, de mudar a sociedade. Mas com certeza veio com uma missão muito importante, a de fazer de si uma pessoa feliz. Para cumpri-la, você precisa observar as coisas em que acredita, o modo como se julga, a maneira como se castiga.

Seja honesto sobre a sua felicidade. Não projete uma falsa imagem, dizendo a todo mundo: "Olhem para mim. Sou bem-sucedido na vida, tenho tudo o que quero, sou muito feliz", quando, na verdade, não gosta de si mesmo.

Tudo está ao nosso alcance, mas, primeiro, precisamos ter a coragem de abrir os olhos, de usar a verdade, de enxergar o que

96 ❧ O domínio do amor

realmente existe. Os humanos são cegos porque não querem ver. Observemos um exemplo:

Uma jovem conhece um homem e sente forte atração por ele. Seus hormônios sobem ao ponto máximo, ela quer aquele homem e nada mais. As amigas dela podem ver que tipo de pessoa ele é, sabem que usa drogas, que não trabalha, que tem todas aquelas tendências que fazem uma mulher sofrer tanto. Mas a jovem olha para ele, e o que vê? Apenas o que deseja ver. Vê que ele é alto, bonito, forte e charmoso. Cria uma imagem do homem e tenta negar a existência daquilo que não deseja ver. Mente para si mesma. Quer, realmente, acreditar que o relacionamento vai dar certo. As amigas comentam: "Mas ele usa drogas, é alcoólatra, não trabalha." Ela responde: "Eu sei, mas meu amor vai mudá-lo."

A mãe dela, obviamente, detesta o homem, assim como o pai. Ambos estão preocupados com a filha, porque veem o que vai acontecer. Dizem: "Esse homem não é bom para você." A jovem replica: "Vocês querem me dizer o que devo fazer." Vai contra a mãe e o pai para seguir seus hormônios e mente para si mesma, tentando justificar sua escolha. "A vida é minha, faço o que quiser com ela."

Após meses de relacionamento, a jovem cai na realidade. A verdade aparece, e ela culpa o homem por aquilo que não quis ver antes. Não há respeito, só maus tratos, mas agora o mais importante para a moça é seu orgulho. Ela não quer voltar para a casa dos pais e admitir que eles estavam certos. Não pode dar-lhes essa satisfação. Quanto tempo essa jovem levará para aprender a lição? Ela ainda tem amor-próprio? Até quando abusará de si mesma?

Sofrimento desse tipo ocorre quando não queremos ver o que está tão nítido diante de nossos olhos. Quando conhecemos uma pessoa, que tenta fingir que é ótima, ela não pode, mesmo usando essa máscara, esconder sua falta de amor e de respeito próprios. Mas nos recusamos a ver, a ouvir.

Um antigo profeta disse: "Não há pior cego do que aquele que não quer ver. Não há pior surdo do que aquele que não quer ouvir. E não há pior louco do que aquele que não quer compreender."

Somos realmente cegos, e pagamos caro por isso. Mas, se abrirmos os olhos e virmos a vida como ela de fato é, evitaremos muito sofrimento emocional. Isso não quer dizer que não devemos nos arriscar. Estamos vivos, portanto, temos de correr riscos. E daí, se falharmos? O que importa é que estamos aprendendo e caminhando para a frente, sem julgamentos.

Não precisamos julgar. Não precisamos culpar os outros, nem nos sentir culpados. Só precisamos aceitar nossa verdade e ter como objetivo um novo começo. Ver-nos como realmente somos é o primeiro passo para a autoaceitação, e logo não mais nos rejeitaremos porque, a partir do instante em que nos aceitamos como somos, tudo começa a mudar.

98   ❧   *O domínio do amor*

Todo mundo tem um preço, que a vida respeita. Mas não é um preço avaliado em dólares, ou ouro. O preço é avaliado em amor-próprio. Quanto você se ama? Esse é seu preço, que a vida respeita.

Quando nos amamos, nosso preço é muito alto, o que significa que nosso nível de tolerância ao autoabuso é muito baixo. É tão baixo porque respeitamos a nós mesmos. Gostamos de nós do jeito que somos, e isso torna nosso preço muito alto. Quando não gostamos de algumas coisas a respeito de nós mesmos, o preço baixa.

Às vezes, o autojulgamento é tão forte, que as pessoas precisam estar meio anestesiadas para conseguir conviver consigo. Se você não gosta de alguém, pode fugir de sua companhia. Se não gosta de várias pessoas, também pode afastar-se delas. Mas, se não gostar de si mesmo, não existe escapatória, pois estará consigo aonde quer que vá. Para tentar livrar-se de sua companhia, você pode tomar alguma coisa que o entorpeça, que distancie sua mente. Talvez um pouco de álcool ou algumas drogas ajudem. Ou, talvez, você consiga ajuda comendo em excesso. Mas o modo como você abusa de si pode ser ainda pior. Existem pessoas que verdadeiramente se odeiam. São autodestrutivas e matam-se aos poucos, porque não têm coragem de matar-se rapidamente.

Se observarmos pessoas autodestrutivas, veremos que atraem pessoas iguais a elas. O que fazemos, quando não gostamos de nós mesmos? Tentamos nos entorpecer com álcool, para esquecer nosso sofrimento. Essa é a desculpa que damos. E aonde vamos para conseguir álcool? A um bar. E adivinhe quem encontramos lá. Pessoas iguais a nós, que também estão tentando se evitar, procurando entorpecimento. Então, todos nos entorpecemos juntos, começamos a falar do nosso sofrimento e nos entendemos muito bem. Até começamos a gostar daquilo. Existe uma compreensão perfeita entre nós, porque todos vibramos na mesma frequência. Todos somos autodestrutivos. Então, começamos a trocar agressões, um magoando o outro, num perfeito relacionamento de inferno.

O que acontece quando um de nós muda? Por alguma razão, essa pessoa não precisa mais de álcool, porque agora gosta da própria companhia. Parou de beber, mas seus amigos continuam os mesmos, ainda bebem. Ficam entorpecidos, parecem felizes, mas a pessoa que mudou vê nitidamente que essa felicidade é falsa. O que os outros chamam de felicidade é rebelião contra a própria dor emocional. Envolvidos por aquela "felicidade", ficam tão feridos, que se divertem ferindo outras pessoas e a si.

A pessoa que mudou não combina mais com outros, que, lógico, ressentem-se, porque ela não é mais igual a eles. "Você está fugindo de mim, não bebe mais comigo, não mais nos embriagamos juntos." Chegou a hora de a pessoa fazer uma escolha: voltar a ser o que era, ou partir para outro nível de frequência, no qual encontrará pessoas que se aceitam, da maneira como ela passou a aceitar-se. A pessoa descobre um outro campo de realidade, uma nova maneira de relacionar-se, e não mais aceita os diferentes tipos de abuso.

8

Sexo: o maior demônio do inferno

Se pudéssemos tirar os humanos da criação do Universo, veríamos que todo o resto — as estrelas, a lua, as plantas, os animais, tudo — é perfeito do jeito que é. A vida não precisa ser justificada ou julgada. Segue em frente sem nós, do jeito que é. Colocando os humanos nessa criação, mas tirando-lhes a habilidade de julgar, veremos que somos exatamente iguais ao resto da natureza. Não somos bons nem maus, certos ou errados. Somos simplesmente o que somos.

No sonho do planeta, temos necessidade de justificar tudo, de tornar tudo bom ou mau, quando as coisas são como são e ponto final. Os humanos acumulam muito conhecimento, adquirem crenças, regras morais, normas familiares, sociais e religiosas. E é nesse conhecimento que baseamos quase todo o nosso comportamento e os nossos sentimentos. Criamos anjos

102 ❧ *O domínio do amor*

e demônios, e, naturalmente, o sexo torna-se o pior demônio do inferno. O sexo torna-se o maior pecado da humanidade, sendo que o corpo humano foi feito para ele.

Somos seres biológicos, sexuais, porque é assim que somos. Nosso corpo é sábio. Toda a inteligência encontra-se nos genes, no DNA — que não precisa compreender nem justificar nada, simplesmente sabe. O problema não é o sexo, mas o jeito como manipulamos o conhecimento e nossos julgamentos, quando na verdade não há o que justificar. É difícil demais para a mente render-se, aceitar que as coisas são do jeito que são e pronto. Temos um extenso conjunto de crenças sobre como o sexo deveria ser, como nossos relacionamentos deveriam ser, e essas crenças são completamente distorcidas.

No inferno, pagamos um preço alto por uma relação sexual, mas o instinto é tão forte, que não nos importamos com isso. O resultado é que ficamos cheios de culpa e vergonha, pensando nas fofocas que costumamos ouvir a respeito de sexo: "Oh, veja o que aquela mulher está fazendo!", "Viu o que aquele homem fez?" Temos uma definição completa de como uma mulher deve ser, de como um homem deve ser, de como cada um deve comportar-se sexualmente. Os homens são sempre machões demais, ou afeminados demais, dependendo de quem o está julgando. As mulheres sempre são magras demais, ou gordas demais. Temos muitas crenças sobre o que torna uma mulher bonita. Temos de comprar as roupas certas, de criar a imagem certa, de modo que possamos ser sedutores e estar de acordo com essa imagem. Se não estivermos de acordo com aquela

Sexo: o maior demônio do inferno ✧ *103*

imagem de beleza, acreditaremos que não valemos nada, que ninguém gostará de nós.

Acreditamos em tantas mentiras sobre o sexo, que nem o apreciamos. Sexo é para animais. Sexo é pecado. Temos de nos envergonhar de nossas sensações sexuais. Essas regras são completamente contra a natureza, são apenas um sonho, mas acreditamos nelas. Nossa verdadeira natureza aparece, e não está de acordo com as regras. Nós nos sentimos culpados, achamos que não somos o que deveríamos ser. Somos julgados, condenados, punidos, e isso não é justo. Ficamos cobertos de feridas, que os venenos emocionais infeccionam.

A mente faz esse jogo, mas o corpo não quer saber no que ela acredita. O corpo apenas sente necessidade de sexo. Em determinada época de nossa vida, não podemos nos impedir de sentir atração sexual. Isso é absolutamente normal, não há nenhum problema. O corpo vai sentir-se sexual quando estiver excitado, quando for tocado, visualmente estimulado, quando perceber a possibilidade de sexo. O corpo pode sentir-se sexual e, minutos depois, parar de sentir-se assim. Se o estímulo para, o corpo para de sentir necessidade de sexo, mas com a mente a história é diferente.

Vamos supor que você seja uma mulher casada e que foi criada numa família católica. Tem todas aquelas ideias sobre como o sexo deve ser, o que é bom ou mau, certo ou errado, o que é pecado ou algo aceitável. Precisou assinar um contrato para legalizar o sexo. Se não assinasse, fazer sexo seria pecado. Deu sua palavra de que seria fiel, mas um dia, andando na rua, vê um homem cruzar seu caminho. Sente poderosa atração, ou melhor, seu *corpo* sente. Não há problema nenhum, isso não significa que acontecerá alguma coisa, mas você não consegue evitar a sensação, porque se trata de algo perfeitamente normal. Quando o estímulo desaparece, o corpo esquece, mas a mente tem de justificar o que o corpo sentiu.

A mente *sabe*, esse é o problema. Você sabe. Mas o que exatamente você sabe? Sabe aquilo em que acredita. Não importa se é algo bom ou mau, certo ou errado, adequado ou inadequado. Você foi criada para acreditar que aquilo é mau, e imediatamente faz esse julgamento. É aí que começam o drama e o conflito.

Mais tarde, você pensa no homem que viu na rua, e isso basta para fazer com que seus hormônios se alvorocem novamente. Por causa da forte lembrança que sua mente guardou, parece que seu corpo está vendo o homem outra vez. O corpo reagiu porque a mente pensou. Se a mente deixasse o corpo em paz, a reação desapareceria, como se nunca tivesse ocorrido. Mas a mente lembra, e, por saber que isso não é direito, você começa a se julgar. A mente diz que aquilo não é certo e tenta reprimir o que sente. E quanto mais reprime, o que acontece? Você pensa mais no assunto. Então, quando torna a ver o homem, embora a situação seja diferente, seu corpo reage outra vez, e com mais força.

Se, na primeira vez, você não julgasse o que sentiu, talvez ao vê-lo novamente não tivesse nenhuma reação. Agora, sempre que vê o homem tem sensações sexuais, julga-as e pensa:

Sexo: o maior demônio do inferno 105

"Oh, meu Deus, isto não está certo. Eu não presto." Precisa ser punida, sente-se culpada, está deslizando por uma espiral abaixo, e por nada, porque tudo existe apenas em sua mente. Talvez aquele homem nem saiba que você existe. Mas você fica imaginando coisas, faz suposições, começa a desejá-lo cada vez mais. Um dia, você o encontra, fala com ele e acha tudo aquilo muito lindo. Está obcecada, a situação é muito atraente, mas você tem medo.

Então, vocês dois fazem amor, algo que é, ao mesmo tempo, a melhor e a pior coisa do mundo. Agora, sim, você merece punição. "Que tipo de mulher deixa que seu desejo sexual seja mais forte que seus princípios morais?" Ninguém pode saber que tipo de jogo a mente vai fazer. Você está magoada, mas tenta negar seus sentimentos, justificar suas ações, para fugir da dor emocional. "Bem, vai ver que meu marido faz a mesma coisa."

A atração torna-se mais forte, mas não por causa de seu corpo. É a mente que está jogando. O medo que você sente dessa atração sexual transforma-se numa obsessão, que cresce sem parar. Quando você faz amor com aquele homem, gosta muito, mas não porque é uma grande experiência, não porque o sexo é extraordinário, mas porque você se sente livre de toda a tensão e todo o medo. No entanto, para fazê-los crescer de novo, a mente volta a jogar, insinuando que o que torna tudo maravilhoso é aquele homem, mas isso não é verdade.

O drama cresce, mas não passa de um simples jogo mental. Nem é real. Também não é amor, porque esse tipo de relacionamento torna-se altamente destrutivo, você está se ferindo, e aquilo em que você mais acredita é o que mais dói. Não importa se sua crença é certa ou errada, boa ou má, você a está desrespeitando, que é algo que desejamos fazer, mas como guerreiro espiritual, não como vítima. E agora você vai usar essa experiência para mergulhar ainda mais fundo no inferno, não para sair dele.

A mente e o corpo têm necessidades completamente diferentes, mas a mente controla o corpo. Nosso corpo tem necessidades que não podemos evitar. Temos de suprir sua necessidade de alimento, de água, de agasalho, de sono e de sexo. Todas essas necessidades são completamente normais, e muito fáceis de satisfazer. O problema é que a mente diz: "Essas são necessidades minhas."

Na mente, criamos um quadro inteiro dentro de uma bolha de ilusão, e ela responsabiliza-se por tudo. A mente acha que necessita de alimento, água, agasalho, sono e sexo, mas não tem nenhuma necessidade física, absolutamente. Mas na verdade a mente não precisa de alimento, de oxigênio, de água, de sexo. Como sabemos que isso é uma verdade? Quando a mente diz que está com fome, nós comemos, satisfazendo o corpo, mas a mente continua achando que precisa de alimento. Então, comemos mais ainda, sem conseguir satisfazer a mente com alimento, porque essa necessidade não existe.

Sexo: o maior demônio do inferno ❧ *107*

A necessidade de agasalhar o corpo é outro exemplo. Naturalmente, precisamos nos cobrir, porque o vento está muito frio, ou porque o sol está quente demais, mas é o corpo que tem essa necessidade, muito fácil de suprir. Mas, quando a necessidade está na mente, podemos possuir toneladas de roupas e ainda assim achar que precisamos de mais. Abrimos o armário e o vemos cheio, mas a mente não está satisfeita e diz: "Não tenho nada para vestir."

Nossa mente precisa de outro carro, de novas férias, de uma casa de hóspedes para receber amigos. Todas aquelas necessidades que não conseguimos satisfazer estão na mente. Acontece o mesmo com o sexo. Quando a necessidade está na mente, não conseguimos satisfazê-la. Quando a necessidade está na mente, o julgamento e o conhecimento também estão. É isso que torna tão difícil lidar com o sexo. A mente não precisa de sexo, precisa de amor. Na verdade, é mais a alma que sente necessidade de amor, porque a mente pode continuar vivendo apenas com medo. O medo também é energia, alimenta a mente. Não é exatamente o alimento que desejamos, mas funciona.

Precisamos libertar o corpo da tirania da mente. Quando a necessidade de alimento ou de sexo não está em nossa mente, tudo se torna fácil. O primeiro passo é dividir as necessidades em duas categorias: as do corpo e as da mente.

A mente confunde as necessidades do corpo com as suas porque precisa de resposta para uma pergunta: *"O que sou?"* Vivemos neste mundo de ilusão sem fazer ideia do que somos. *A mente cria várias perguntas.* "O que sou?" torna-se o maior

108 〜 *O domínio do amor*

mistério, e qualquer resposta que a própria mente dê, serve para suprir sua necessidade de segurança. Sou o corpo. Sou o que vejo. Sou o que penso. Sou o que sinto. Estou sofrendo. Estou sangrando.

A afinidade entre o corpo e a mente é tão grande, que a mente acredita ser o corpo. O corpo sente uma determinada necessidade, e a mente diz: "Eu preciso." A mente toma como algo pessoal tudo o que diz respeito ao corpo, porque está tentando compreender o que é. Assim, a certa altura, é completamente normal a mente começar a ganhar controle sobre o corpo. E vamos vivendo, até que alguma coisa acontece e nos sacode, permitindo que vejamos o que não somos.

Começamos a ter consciência quando vemos o que não somos, quando a mente começa a perceber que não é o corpo e reflete: "O que sou, então? Sou a mão? Se cortar a mão fora, eu ainda serei eu, então não sou a mão." Vamos tirando o que não somos, até que permanece apenas aquilo que realmente somos. A mente descobre a própria identidade através de um longo processo, durante o qual vamos deixando de lado nossa história pessoal, tudo o que nos dá sensação de segurança, até que finalmente compreendemos o que de fato somos.

Descobrimos que não somos o que acreditávamos ser, porque nunca pudemos escolher nossas crenças. Essas crenças *já* existiam quando nascemos. Descobrimos que não somos o corpo, porque começamos a funcionar sem ele. Começamos a notar que não somos o sonho, que não somos a mente. Se nos aprofundarmos mais, começaremos a perceber que também não somos a alma. Então, descobriremos algo incrível: somos a *força*, aquela força que permite que nosso corpo viva, que permite que nossa mente sonhe.

Sem nós, sem essa força, nosso corpo desabaria. Sem nós, nosso sonho todo dissolve-se em nada. Nós somos aquela força que é a *vida*.

Se você olhar dentro dos olhos de outra pessoa, verá brilhar neles a autopercepção, a manifestação da vida. A vida não é o corpo, não é a mente, não é a alma. É a força. Movido por essa força, o recém-nascido torna-se uma criança, um adolescente, um adulto, que se reproduz e envelhece. Quando a vida deixa o corpo, ele se decompõe e se transforma em pó.

Somos a vida que percorre nosso corpo, nossa mente, nossa alma. Quando descobrimos isso, não através da lógica ou do intelecto, mas porque *sentimos* essa vida, descobrimos que somos a força que faz as flores desabrocharem e o beija-flor voar de uma flor para outra. Descobrimos que estamos nas árvores, nos animais, em todos os vegetais e nas pedras. Somos a força que move o vento e respira através de nosso corpo. O Universo inteiro é um ser vivo, movido por essa força, que é o que somos. *Nós somos a vida.*

9

A caçadora divina

Na mitologia grega há uma história sobre Ártemis, a caçadora divina. Ela era a caçadora suprema, porque caçava sem nenhum esforço. Supria suas necessidades facilmente, vivendo em perfeita harmonia com a floresta. Tudo o que habitava a floresta amava Ártemis, e ser caçado por ela era uma honra. Nunca parecia que a deusa estava caçando, porque o que ela necessitava vinha a suas mãos. Por esse motivo, era a melhor caçadora e também a mais difícil das presas. Sua forma animal era uma corça mágica, quase impossível de caçar.

Ártemis viveu em harmonia na floresta até o dia em que um rei deu uma ordem a um filho de Zeus, Hércules, que estava em busca de sua própria transcendência. A ordem era para Hércules caçar Ártemis, a corça. Como nunca fora derrotado, Hércules aceitou a missão e foi à floresta para caçar o animal

112   *O domínio do amor*

mágico. A corça viu-o e não sentiu medo. Deixou-o aproximar--se, mas correu quando ele tentou capturá-la. De modo algum Hércules poderia caçá-la, a menos que se tornasse um caçador melhor do que ela.

Ele, então, chamou Hermes, o mensageiro dos deuses, o mais rápido de todos, e pediu-lhe que lhe emprestasse suas asas. Tornou-se, então, tão rápido quanto ele e não demorou para ter nas mãos a preciosa presa. É fácil imaginar a reação de Ártemis. Fora aprisionada por Hércules e, naturalmente, desejou vingar-se. Decidiu caçá-lo e fez o melhor que pôde para capturá-lo, mas Hércules era agora a mais difícil das presas, continuando sempre em liberdade. Por mais que tentasse, ela não conseguia pegá-lo.

Na verdade, não precisava dele. Sentia grande necessidade de tê-lo, mas, lógico, era apenas uma ilusão. Acreditava estar apaixonada por ele e queria-o para si. Só pensava em capturar Hércules, e isso tornou-se uma obsessão, que a deixou infeliz. Começou a mudar. Não mais vivia em harmonia com a floresta, porque caçava apenas pelo prazer de pegar a presa. Quebrou as próprias regras e tornou-se uma predadora. Os animais a temiam, e a floresta começou a rejeitá-la, mas ela não se importava. Não via a verdade, porque só Hércules existia em sua mente.

Ele tinha muitos trabalhos para fazer, mas às vezes ia à floresta visitar Ártemis. Ela, então, perseguia-o, esforçando-se para capturá-lo. Quando estava com Hércules, sentia-se feliz, mas sabia que ele iria embora, o que a enchia de ciúme. Sempre que o via partir, sofria e chorava. Odiava-o, mas amava-o também.

A caçadora divina 113

Hércules nem imaginava o que se passava na mente dela nem percebia que estava sendo perseguido. Não via a si mesmo como uma presa. Amava e respeitava Ártemis, mas não era isso que ela queria. Ela queria possuí-lo, queria ser a predadora que o pegaria. Todos na floresta notavam a diferença que se operara em Ártemis, menos ela, que ainda julgava-se a caçadora divina, que não reconhecia que caíra. Não percebia que o céu que fora a floresta transformara-se em inferno, porque sua queda causara a queda dos outros caçadores, e todos haviam se tornado predadores.

Um dia, Hermes assumiu a aparência de um animal e, no momento em que Ártemis preparava-se para matá-lo, ele voltou à sua forma de deus. Ela redescobriu a sabedoria que havia perdido, percebeu sua derrocada e procurou Hércules para pedir-lhe perdão. Fora a grande importância que dera a si mesma que causara sua queda. Conversando com Hércules, percebeu que nunca o ofendera, porque ele não percebera o que passava em sua mente. Então, olhando em volta, viu o mal que fizera à floresta. Pediu desculpas a cada uma das flores, a cada um dos animais, até que recuperou o amor que havia perdido. Tornou-se, novamente, a caçadora divina.

Contei essa história para mostrar que todos nós somos caçadores e ao mesmo tempo somos presas. Tudo o que existe é caçador e caça. Por que caçamos? Para suprir nossas necessidades. Falei das necessidades do corpo em oposição às necessidades da mente. Quando a mente acredita que é o corpo, suas necessidades são meras ilusões e não podem ser satisfeitas. Quando perseguimos essas necessidades, que na mente são irreais, nos tornamos predadores, porque estamos perseguindo coisas das quais não temos necessidade.

Os humanos perseguem o amor. Achamos que precisamos de amor porque acreditamos que não o temos, porque não amamos a nós mesmos. Procuramos amor em outros seres humanos iguais a nós. Esperamos receber amor de humanos que estão nas mesmas condições que nós. Se eles também não se amam, serão capazes de dar amor? O que conseguimos é apenas criar uma necessidade irreal ainda maior. Continuamos a caçar, mas no lugar errado, porque os outros humanos não têm o amor de que precisamos.

Quando Ártemis reconheceu sua queda, voltou-se para si mesma, porque tudo o que precisava encontrava-se dentro dela. O mesmo acontece conosco, porque somos todos iguais ao que era Ártemis depois da queda e antes da redenção. Estamos perseguindo o amor, a justiça e a felicidade. Estamos perseguindo Deus, mas Deus está dentro de nós.

A caçada à corça mágica ensina-nos que temos de caçar dentro de nós mesmos. É uma ótima história, da qual devemos nos lembrar sempre. Lembrando a história de Ártemis, encontraremos o amor dentro de nós. Os humanos que se perseguem mutuamente em busca de amor nunca ficarão satisfeitos, nunca acharão em outras pessoas o amor de que precisam. A mente

A caçadora divina   115

sente a necessidade, mas não podemos satisfazê-la, porque não há necessidade real. *Nunca há.*

O amor que precisamos perseguir é aquele que existe em nós, mesmo sabendo que se trata de uma presa difícil. É muito difícil caçar dentro de nós mesmos para alcançar o amor que está lá. Temos de ser muito rápidos, tão rápidos quanto Hermes, porque qualquer coisa pode nos distrair, desviando-nos de nossa meta. Seja o que for que prenda nossa atenção, impede-nos de alcançar essa meta, que é capturar a presa, o amor que existe dentro de nós. Se formos capazes de capturar o amor, nós o veremos crescer com força em nosso íntimo, e ele suprirá todas as nossas reais necessidades. Isso é muito importante para a nossa felicidade.

Os humanos entram num relacionamento como caçadores. Procuram por todas as coisas que acham que precisam, esperando encontrá-las em outra pessoa, apenas para descobrir que não há nada lá. Quando se entra num relacionamento sem essa necessidade, a história é muito diferente.

Como caçamos dentro de nós mesmos? Para capturar o amor que existe em nosso íntimo, temos de nos render a nós próprios, sendo o caçador e a presa. Dentro de nossa mente existem os dois. Quem é o caçador? Quem é a presa? Nas pessoas comuns, o caçador é o parasita, que sabe tudo a respeito de quem o hospeda e quer as emoções geradas pelo medo. O parasita alimenta-se de lixo. Adora o medo e o drama. Ama a raiva, o ciúme, a inveja, qualquer emoção que faça uma pessoa sofrer. O parasita quer vingar-se e quer estar no comando da situação.

116 ❧ O domínio do amor

O autoabuso, assim como o parasita, persegue-nos 24 horas por dia. Está sempre correndo atrás de nós. E assim nos tornamos a presa do parasita, uma presa muito fácil. O parasita abusa de nós. É mais do que um caçador, é um predador, que nos come vivos. A presa, ou seja, o corpo emocional, é a parte de nós que sofre cada vez mais e que deseja ser redimida.

Na mitologia grega há também a história de Prometeu, que foi amarrado a uma rocha. Durante o dia, vinha uma águia e comia suas entranhas. Durante a noite, as entranhas refaziam-se. No dia seguinte, a águia chegava e as comia novamente, e assim era, sem cessar. O que isso significa? Quando Prometeu estava acordado, era um corpo físico e emocional. A águia representa o parasita, que devorava suas entranhas. À noite, Prometeu não tinha o corpo emocional, e recuperava-se para novamente alimentar a águia. Isso continuou até que Hércules apareceu para livrá-lo. Hércules, então, pode ser comparado a Cristo, a Buda ou a Moisés, que quebraram as cadeias de sofrimento e deram liberdade às pessoas.

Para caçar dentro de nós mesmos, temos de perseguir cada uma de nossas reações, de mudar um hábito rotineiro a cada dia. É uma guerra pela libertação do sonho que controla nossa vida. É um combate entre nós e o predador, com a verdade no meio. Em todas as tradições ocidentais, do Canadá à Argentina, nós nos intitulamos guerreiros, porque um guerreiro é o caçador que caça a si mesmo. É uma guerra violenta, pois trata-se de derrotar o parasita. Sermos guerreiros não significa que venceremos a guerra, mas pelo menos nos rebelamos, não mais aceitamos o parasita que nos come vivos.

A caçadora divina 🐾 117

Tornar-se o caçador é o primeiro passo. Quando Hércules foi à floresta em busca de Ártemis, não conseguiu, de modo algum, capturar a corça em que ela se transformava. Então, ele procurou Hermes, o mestre supremo, e aprendeu a tornar-se um caçador melhor. Precisava ser melhor do que Ártemis para poder capturá-la. Para caçar a nós mesmos, precisamos ser melhores caçadores do que o parasita. Se ele trabalha 24 horas por dia, também temos de trabalhar 24 horas por dia. O parasita tem uma vantagem: conhece-nos muito bem. Não podemos nos esconder dele. Portanto, o parasita é a mais difícil das presas, é aquela parte de nós que tenta justificar nosso comportamento diante das outras pessoas e que é o nosso pior juiz quando estamos sozinhos. Está sempre julgando, censurando, fazendo-nos sentir culpa.

Num relacionamento normal no inferno, o parasita de nosso parceiro alia-se ao nosso parasita para lutar contra o que verdadeiramente somos. Temos contra nós, não apenas nosso parasita, mas também o parasita de nosso parceiro, e os dois juntam forças para tornar eterno o nosso sofrimento. Se soubermos disso, poderemos mudar a situação. Teremos compaixão pelo nosso parceiro, deixando-o lidar com seu próprio parasita. E nos sentiremos felizes cada vez que nosso parceiro der um passo em direção à liberdade. Perceberemos que não é com a pessoa amada que estamos lidando, quando ela se mostra perturbada, triste ou enciumada, mas com o parasita, que a está possuindo.

Sabendo que o parasita está agindo e sabendo o que está acontecendo no íntimo de nosso parceiro, podemos dar-lhe

118   *O domínio do amor*

espaço, para deixá-lo lidar com a situação. Como cada um de nós é responsável por apenas metade de um relacionamento, podemos permitir que a outra pessoa lide com o próprio sonho. Dessa maneira, será fácil não levar para o lado pessoal nada do que a outra pessoa faça, sabendo que ela está às voltas com o próprio lixo. Isso será muito benéfico para o relacionamento. Se não levarmos nada para o lado pessoal, acharemos fácil ter um relacionamento maravilhoso com nosso parceiro.

10

Vendo com os olhos do amor

Observe seu corpo e encontrará bilhões de seres vivos que dependem de você. Cada célula de seu corpo é responsabilidade sua. Para todos esses pequenos seres vivos, você é Deus. Você pode lhes fornecer o que eles precisam. Pode amá-los. Ou, então, pode ser mau para eles.

Podemos contar com a total fidelidade de nossas células, que trabalham para nós em harmonia. Podemos até dizer que oram a nós. Para elas, somos Deus. Essa é uma verdade incontestável. E agora, o que você vai fazer com esse conhecimento?

Lembre-se de que a floresta vivia em completa harmonia com Ártemis. Quando a deusa caiu, perdeu o respeito pela floresta. Mas quando recobrou a consciência, foi de flor em flor, dizendo: "Desculpe. Agora voltarei a tomar conta de você." E seu relacionamento com todos os seres da floresta tornou-se novamente uma ligação amorosa.

120   *O domínio do amor*

Seu corpo é a floresta, e, se você aceitar essa verdade, dirá a ele: "Desculpe. Voltarei a tomar conta de você." O relacionamento entre você, seu corpo e todas as células vivas que dependem de seus cuidados se tornará a mais bela das ligações. Seu corpo e as células são perfeitos em sua metade do relacionamento, assim como o cachorro é perfeito na dele. A outra metade é sua mente. O corpo cuida de sua metade, mas a mente abusa dele, maltrata-o, é mesquinha.

Veja como você cuida de seu gato ou de seu cão. Se conseguir cuidar de seu corpo como cuida de seu bichinho de estimação, verá que isso relaciona-se com o amor. Seu corpo deseja receber todo o amor da mente, mas ela diz: "Não, não gosto de algumas partes de meu corpo. Veja que nariz! Minhas orelhas são grandes demais. Meus braços são gordos. Minhas pernas são muito curtas." A mente pode imaginar todo tipo de coisa a respeito do corpo.

Seu corpo é perfeito do jeito que é, mas todos nós temos muitos conceitos sobre certo e errado, bom e mau, bonito e feio. São apenas conceitos, mas acreditamos neles, e é aí que reside o problema. Com a imagem de perfeição que temos na mente, esperamos que nosso corpo tenha uma determinada aparência, que se comporte de um certo modo. Rejeitamos nosso corpo, que é totalmente fiel a nós. Mesmo quando o corpo não consegue fazer alguma coisa, por causa de suas limitações, nós o pressionamos, e ele, pelo menos, tenta.

Observe o que você faz com seu corpo. Se o rejeita, como não rejeitará os de outras pessoas? Mas, se aceita seu corpo,

Vendo com os olhos do amor 🌿 *121*

você pode aceitar quase todo mundo, quase tudo. Esse é um ponto muito importante, quando se trata da arte do relacionamento. O relacionamento que você tem consigo reflete-se no seu relacionamento com os outros. Se você rejeita seu corpo, quando está dividindo seu amor com o parceiro, torna-se tímido e pensa: "Meu corpo é horrível. Como meu parceiro pode me amar, tendo eu um corpo desses?" Então, você se rejeita e supõe que a outra pessoa também o fará, pelo mesmo motivo que provocou a própria rejeição.

Para criar um relacionamento que o leve ao paraíso, você precisa aceitar seu corpo completamente. Precisa amá-lo e permitir que ele seja livre para ser o que é, livre para dar, livre para receber, sem timidez, porque ser tímido significa ter medo.

Pense em como você vê seu cachorro. Você o vê com os olhos do amor e alegra-se com a beleza dele. Não faz nenhuma diferença se o cão é bonito ou feio. Você entra em êxtase, achando-o bonito, porque isso nada tem a ver com o fato de ele ter beleza, ou não. Beleza é apenas um conceito que adquirimos.

Você acha que uma tartaruga ou uma rã são feias? Olhe para uma tartaruga e verá que ela é linda. Olhe para uma rã e verá que ela também é linda. Tudo o que existe é belo. Tudo. Mas você olha para algo e pensa: "Ai, como é feio." Por quê? Porque alguém o fez acreditar que uma coisa é feia, que outra coisa é bonita, da mesma forma que o fez acreditar que uma coisa é boa, e outra, ruim.

Não há nenhum problema em ser feio ou bonito, baixo ou alto, gordo ou magro. Não há nenhum problema em ser lindo.

122 ❧ *O domínio do amor*

Se você atravessar uma multidão, e as pessoas lhe disserem que o acham muito bonito, você pode responder que sabe disso, agradecer e seguir em frente, porque os elogios não fazem a menor diferença. Mas farão, se você não acreditar que é bonito, e as pessoas disserem que é. Nesse caso, você pergunta: "Sou, mesmo?" A opinião dos outros pode impressioná-lo, óbvio, e isso faz de você uma presa fácil.

Essa opinião representa aquilo que você acha que precisa, porque acredita que não é bonito. Lembra-se da história da cozinha mágica? Se temos toda a comida de que precisamos, e alguém nos oferece alimento em troca do comando de nossa vida, agradecemos e declinamos a oferta. Vamos supor que uma pessoa deseja ser bonita, mas acredita que não é, e alguém diz: "Sempre direi que você é muito bonita, desde que me deixe assumir o controle de sua vida." A pessoa aceita a oferta e entrega o controle de sua vida à outra, porque acha que precisa daquela opinião.

O que importa não é a opinião dos outros, mas a nossa. Somos bonitos, mesmo que a mente diga o contrário. Isso é um fato. Não precisamos fazer nada, porque já possuímos toda a beleza de que necessitamos. Não precisamos dever obrigações a ninguém para sermos bonitos. Os outros são livres para ver o que desejarem ver. Se olham para nós e nos julgam, achando-nos bonitos ou feios, essa opinião em nada nos afetará, se estivermos conscientes de nossa beleza e a aceitarmos.

Talvez você tenha crescido acreditando que não é atraente e sinta inveja da beleza de outras pessoas. Então, para justificar a

Vendo com os olhos do amor ❧ *123*

inveja, diz a si mesmo: "Não quero ser bonito." Talvez até tenha medo de ser. Esse medo pode vir de vários lados e não é igual para todo mundo, mas com frequência as pessoas têm medo do próprio poder. Mulheres bonitas têm poder sobre os homens, e não apenas sobre eles. Têm poder sobre as mulheres também, que, sendo excluídas de um padrão de beleza, podem sentir mal-estar ou até inveja pelo fato de elas atraírem os homens.

Se uma mulher veste-se de determinada maneira, o que as outras pessoas podem dizer? "Ah, aquela lá é uma perdida." E a mulher fica com medo desse julgamento. Mas estamos falando novamente de meros conceitos, de falsas crenças que abrem feridas no corpo emocional. Então, naturalmente, essas feridas têm de ser protegidas com mentiras e sistemas de negação.

A inveja também é um conceito que pode ser desfeito com o uso da consciência. Uma pessoa pode lidar com a inveja das outras, porque, na verdade, todas são bonitas. O que faz a diferença entre elas é o conceito de beleza que as pessoas têm.

A beleza nada mais é do que um conceito, uma crença. Suponhamos que você seja mulher, que acredite nesse conceito e baseie todo o seu poder em sua beleza. O tempo passa, você envelhece. Talvez não seja mais tão bonita quanto era, de acordo com seu ponto de vista, e agora outra mulher é considerada a mais bela.

É nesse ponto que começam as cirurgias plásticas, a luta para manter o poder, porque você acredita que seu poder reside em sua beleza. O envelhecimento a machuca. "Oh, meu Deus, minha beleza está acabando! Meu parceiro continuará

124 ∿ *O domínio do amor*

me amando, agora que já não sou mais tão atraente? Ele vai começar a prestar atenção nas mulheres que são mais bonitas do que eu."

As pessoas resistem ao envelhecimento porque acreditam que os velhos não podem ser belos. Essa é uma crença completamente errada. Um bebê recém-nascido é bonito. Bem, um velho também é. O problema é a emoção que temos nos olhos e que nos leva a julgar, estabelecendo que uma coisa é bela, e a outra, não. Fazemos muitos julgamentos, temos muitos programas que limitam nossa felicidade, que nos levam à autorrejeição e a rejeitar outras pessoas também. Entende como criamos o drama, como, com essas crenças, nos condenamos ao fracasso?

Envelhecer é algo bonito, assim como crescer. Passamos de crianças a adolescentes, de adolescentes a adultos. Isso é bonito. Passar para a velhice também é bonito. Na vida humana, há um número de anos nos quais nos reproduzimos. Durante esse período, desejamos ser sexualmente atraentes, porque é assim que a natureza nos quer. Depois que esse tempo passa, não precisamos mais exercer atração sexual sobre ninguém, mas isso não quer dizer que deixamos de ser bonitos.

Somos o que acreditamos ser. A única coisa que temos a fazer é ser quem somos. É nosso direito achar que somos bonitos. Podemos honrar nosso corpo, aceitando-o do jeito que ele é. Não precisamos do amor de ninguém. O amor vem de dentro de nós. Mora em nosso íntimo e sempre estará lá, mas não o sentimos, porque ele está escondido atrás de uma muralha de nevoeiro. Só podemos perceber a beleza que existe fora de nós, quando *sentimos* a beleza que temos por dentro.

As pessoas têm uma crença a respeito do que é bonito e do que é feio, e se não gostam do que veem em si, basta que abandonem essa crença para ter uma vida diferente. Parece simples, mas não é. Quem controlar a crença, controlará o sonho. Quando o sonhador finalmente domina o sonho, transforma-o em uma obra de arte.

Você pode começar a mudança, fazendo um *puja* para si mesmo, todos os dias. Na Índia, as pessoas fazem *pujas*, ou rituais, para seus deuses e deusas. Inclinam-se diante do ídolo, oferecem-lhe flores, alimentam-no com seu amor, porque a estátua representa Deus. Da mesma maneira, você pode, todos os dias, oferecer amor devoto ao seu corpo. Quando tomar uma ducha, ou um banho de imersão, trate ele com todo o seu amor, com gratidão e respeito. Quando comer, leve um bocado à boca e feche os olhos, saboreando o alimento. O alimento é uma oferenda ao corpo, ao templo onde Deus reside. Faça isso todos os dias, e sentirá o amor por seu corpo crescer tanto, que você nunca mais rejeitará a si mesmo.

Imagine como se sentirá no dia em que adorar seu corpo. Quando se aceitar totalmente, se sentirá bem e será muito feliz. Então, quando se relacionar com outra pessoa, seu nível de autoabuso estará quase na marca do zero. Isso é amor-próprio. Não é dar-se importância, porque, a essa altura, você estará tratando os outros com o mesmo amor, a mesma gratidão e o mesmo respeito que sente por si. Vê como é perfeito um relacionamento desses? Um parceiro honra o Deus que existe dentro do outro.

126 ❧ *O domínio do amor*

Quando estabelecemos o objetivo de criar um relacionamento perfeito com nosso corpo, começamos a ter um relacionamento perfeito com todos que nos cercam, nossa mãe, nossos amigos, nosso parceiro amoroso, nossos filhos, nosso cão. No momento em que chegamos a ter um relacionamento perfeito com nosso corpo, nossa metade em qualquer relacionamento externo torna-se perfeita.

Quando fazemos um *puja* em honra ao nosso corpo, quando somos devotos a ele, e tocamos o corpo da pessoa a quem amamos, nós o fazemos com a mesma devoção, o mesmo amor, o mesmo respeito e a mesma gratidão. E quando a pessoa a quem amamos nos toca, nosso corpo oferece-se completamente, sem medo, sem necessidades, porque está cheio de amor.

Imagine todas as possibilidades oferecidas por esse jeito de amar. Tocar é dispensável. Um olhar trocado entre você e seu parceiro é suficiente para suprir todas as necessidades da mente e da alma. O corpo já está satisfeito, porque você lhe dá todo o seu amor. A solidão deixa de existir, porque você está cheio de amor-próprio. O amor que o enche não vem de outros humanos. Você vê uma árvore e sente o amor que recebe dela. Olha para o céu, e ele suprirá a necessidade de amor de sua mente. Vê Deus em tudo, e isso não será mais apenas uma teoria. *Deus está em toda parte. A vida está em toda parte.*

Tudo é feito pelo *amor*, pela *vida*. Até mesmo o medo é um reflexo do amor. O medo existe na mente e a controla. E interpretamos tudo de acordo com o que temos em nossa mente. Se estamos com medo, o que captamos é analisado com temor.

Vendo com os olhos do amor ❧ *127*

Se estamos furiosos, o que captamos é analisado com raiva. Nossas emoções funcionam como um filtro, através do qual vemos o resto do mundo.

Dizem que os olhos expressam o que sentimos. Percebemos o sonho externo através deles. Quando nos zangamos, vemos o mundo com os olhos da raiva, mas se usamos os olhos do ciúme, nossas reações serão diferentes, porque estamos vendo o mundo através de uma outra emoção. Quando usamos os olhos da raiva, tudo nos aborrece; se são os olhos da tristeza, choramos porque está chovendo, porque há muito barulho, por tudo. Chuva é chuva. Nada existe ali para ser julgado ou interpretado, mas vemos a chuva de acordo com nosso corpo emocional. Quando nos sentimos tristes, vemos tristeza em tudo a nossa volta.

Mas, se usarmos os olhos do amor, veremos apenas amor, aonde quer que formos. As árvores são feitas de amor. Os animais são feitos de amor. A água é feita de amor. Quando captamos o que nos cerca com os olhos do amor, podemos conectar nossa vontade com a vontade de outro sonhador, e os dois sonhos tornam-se um. Quando vemos com amor, somos um só com os pássaros, com a natureza, com as pessoas, com tudo. Então, podemos ver com os olhos de uma águia, ou nos transformarmos em qualquer tipo de vida. Com nosso amor nos conectamos com a águia e nos tornamos asas, ou chuva, ou nuvens. Mas, para isso, temos de limpar a mente de todo o medo e ver tudo com os olhos do amor. Precisamos desenvolver nossa vontade até que ela seja forte o bastante para capturar

128 ❧ *O domínio do amor*

uma outra vontade, fazendo das duas uma só. Assim, teremos asas para voar. Ou, se nos transformarmos em vento, poderemos ir a qualquer lugar, empurrar as nuvens que escondem o Sol, deixando sua luz brilhar. Esse é o poder do amor.

Quando suprimos as necessidades da mente e do corpo, nossos olhos veem com amor. Vemos Deus em todos os lugares. Chegamos a ver Deus por trás do parasita de uma outra pessoa. É dentro de cada ser humano que se encontra a Terra Prometida para onde Moisés levou seu povo. Ela fica no refúgio da mente humana, mas apenas daquela que o amor fertiliza, porque é lá que Deus vive. A mente humana comum também é fértil, mas somente para o parasita, que planta as sementes da inveja, da raiva, do ciúme e do medo.

De acordo com a tradição cristã, Gabriel descerá tocando sua trombeta no dia da ressurreição, e todos os mortos sairão de suas tumbas, destinados à vida eterna. As tumbas são os parasitas, e a ressurreição é a volta à *vida*, porque estamos vivos apenas quando nossos olhos podem ver a *vida*, que é o *amor*.

Você pode ter um relacionamento que realize seu sonho de paraíso. Pode criar um céu, mas precisa começar por si mesmo, com a plena aceitação de seu corpo. Persiga o paraíso e faça-o render-se. Então, sua mente amará seu corpo e não mais sabotará seu amor. Só depende de você, de mais ninguém. Mas, primeiro, é necessário aprender como curar o corpo emocional.

11

Curando o corpo emocional

Vamos imaginar novamente que temos uma doença de pele que nos deixa cobertos de feridas infeccionadas. Quando procuramos um médico, porque queremos curar a pele, ele usa um instrumento para abrir as feridas e limpá-las, antes de aplicar o remédio. A partir daí, as feridas têm de ser mantidas limpas, para que se fechem e não mais nos causem dor.

Para curar o corpo emocional, vamos fazer a mesma coisa. Precisamos abrir as feridas, limpá-las e usar algum tipo de remédio. É necessário manter as feridas limpas, até que sarem. Como vamos abri-las? Nosso instrumento será a verdade. Dois mil anos atrás, um dos maiores mestres ensinou: "Conhecereis a verdade, e a verdade vos libertará."

A verdade funciona como um bisturi, e é doloroso abrir as feridas e descobrir todas as mentiras. As feridas em nosso corpo

130 ❧ *O domínio do amor*

emocional estão cobertas pelo sistema de negação, uma porção de mentiras que criamos para protegê-las. Quando olhamos para as feridas com os olhos da verdade, somos capazes de curá-las.

Para iniciar, você deve praticar a verdade consigo. Quando é honesto com você, começa a *ver* as coisas como elas realmente são, não como deseja vê-las. Vamos usar um exemplo emocionalmente pesado: estupro.

Vamos supor que alguém estuprou você há dez anos atrás. Essa foi uma verdade, na época, mas agora, dez anos depois, deixou de ser. Foi apenas um sonho, no qual alguém abusou de você com violência. Você não procurou por aquilo, mas aconteceu, como pode acontecer a qualquer um. Mas, pelo fato de ter sido estuprado, você se condenará a sofrer em sua sexualidade pelo resto da vida? Não é o estuprador que o está condenando, decretando essa punição. Você é a vítima e, se julgar-se e considerar-se culpado, por quanto tempo se punirá, negando-se um prazer que é uma das coisas mais belas da vida? Às vezes, um estupro pode arruinar a sexualidade de uma pessoa pelo resto da vida. Onde está a justiça? Você não é o estuprador, então, por que sofrer até o fim de seus dias, por um crime que não cometeu? Você não teve culpa de ter sido estuprado, mas o juiz que existe em seu íntimo pode fazê-lo sofrer e viver cheio de vergonha, por muitos e muitos anos.

Certamente, essa injustiça abre uma profunda ferida emocional, e a expulsão do veneno emocional que a infecciona pode exigir anos de terapia. Sim, é verdade que você foi estuprado.

Curando o corpo emocional ❧ 131

Mas não é verdade que precise continuar sofrendo por causa dessa experiência. Remoer o sofrimento ainda é uma escolha sua.

O primeiro passo, para usar o bisturi, é aceitar que a injustiça que criou a ferida não é mais uma verdade agora, neste momento. Pode descobrir, talvez, que aquilo que *acredita* que o machucou tanto nunca foi verdade. Mesmo que tenha sido, agora não é mais. Usando a verdade, você abre a ferida e vê a injustiça de outro ponto de vista.

A verdade é relativa, neste mundo. Transforma-se o tempo todo, porque vivemos num mundo de ilusão. O que é verdadeiro agora, daqui a pouco não é mais. Então, pode voltar a ser. A verdade, no inferno, pode ser apenas mais um conceito, outra mentira para ser usada contra você. Nosso próprio sistema de negação é tão forte e poderoso, que se torna complicado demais. Existem verdades encobrindo mentiras, e mentiras encobrindo verdades. É como descascar uma cebola. Você vai descobrindo a verdade aos poucos, tirando camada por camada, até que, no fim, abre os olhos e vê que todas as pessoas, inclusive você, mentem sem parar.

Quase tudo neste mundo de ilusão é mentira. É por isso que peço aos meus discípulos que sigam três regras que lhes permitirão descobrir o que é verdadeiro. A primeira é: *Não acreditem em mim*. Ninguém tem que acreditar em mim, mas, sim, pensar e fazer as próprias escolhas. Que as pessoas acreditem no que quiserem acreditar, baseadas no que eu digo, mas apenas se acharem que minhas palavras fazem sentido, que as deixam felizes. Se o que eu digo ajuda-as a despertar, elas

132 ✥ *O domínio do amor*

que escolham acreditar. Sou responsável pelo que digo, mas não pelo que os outros entendem. Cada um de nós vive num sonho completamente diferente. O que eu digo, mesmo que seja absolutamente verdadeiro para mim, pode não ser para as outras pessoas.

A segunda regra é mais difícil: *Não acreditem em si mesmos.* Não acreditem em todas as mentiras que contam a si, porque foram programados para acreditar nelas, não tiveram opção. Não acreditem em si quando dizem que não são bons, fortes ou inteligentes o bastante. Não acreditem nas próprias limitações. Não acreditem que não merecem a felicidade ou o amor. Não acreditem que não são bonitos. Não acreditem em nada que os faça sofrer. Não acreditem nos próprios dramas. Não acreditem no juiz ou na vítima que existem em você. Não acreditem naquela voz íntima que diz que vocês são estúpidos demais, que seria melhor suicidarem-se. Não acreditem, porque não é verdade. Abram os olhos, o coração, os ouvidos. Quando ouvirem o que o coração diz, indicando-lhes o caminho para a felicidade, façam sua escolha e permaneçam fiéis a ela. Mas não acreditem em si mesmos, só porque dizem que têm de acreditar, pois mais de oitenta por cento das coisas em que acreditam são mentiras. De fato, a segunda regra, que diz para não acreditarem em si, é muito difícil de seguir.

E esta é a regra número três: *Não acreditem em ninguém.* Não acreditem nas outras pessoas, porque todas mentem o tempo todo. Quando vocês não tiverem mais feridas emocionais, quando não tiverem a necessidade de acreditar nos outros só para serem aceitos, verão tudo com mais nitidez. Verão se algo é preto ou branco, ou não. O que é certo agora talvez não seja mais dentro de alguns momentos. O que agora não é certo, pode ser daqui a alguns instantes. Tudo muda rapidamente, mas vocês terão consciência disso, verão a mudança. Não acreditem nos outros, porque eles usarão essa sua estúpida credulidade para manipular sua mente. Não acreditem em ninguém que diz que veio das Plêiades para salvar o mundo. Não precisamos que ninguém venha salvar nosso planeta. O mundo não precisa de alienígenas salvadores. O mundo é um ser vivo, mais inteligente do que todos nós juntos. Se acreditarmos que o mundo precisa ser salvo, logo alguém virá para nos dizer: "Olhem, um cometa se aproxima, e precisamos fugir do planeta. Matem-se e pronto! Vocês alcançarão o cometa e viajarão nele até o céu." Não acreditem nessas histórias mitológicas. Criamos nosso próprio sonho de céu, ninguém pode criá-lo por nós. Nada, a não ser o bom senso, nos levará à felicidade, nossa própria criação. A regra número três é difícil, porque temos necessidade de acreditar em outras pessoas. *Não acreditem em ninguém.*

Não acreditem em mim, não acreditem em si mesmos, não acreditem em ninguém. O resultado disso será que tudo o que não for verdadeiro desaparecerá como fumaça neste mundo de ilusão. Tudo é o que é. Não é preciso justificar o que é verdadeiro, não é preciso explicar. O que é verdadeiro não necessita do apoio de ninguém. Mentiras precisam de seu apoio. Uma pessoa tem de criar uma nova mentira para apoiar a primeira, outra mentira para apoiar aquela que dá apoio e mais mentiras para apoiar o conjunto todo. Cria-se, então, uma grande estrutura de mentiras, que desaba quando a verdade aparece. Mas as coisas são assim. Ninguém precisa sentir-se culpado por estar mentindo.

A maioria das mentiras em que acreditamos simplesmente dissipa-se, se deixarmos de acreditar nelas. Mentiras não sobrevivem ao ceticismo, mas a verdade sobrevive. O que é real é verdadeiro, acreditemos ou não. Nosso corpo é feito de átomos. Não é preciso crer nisso. É verdade, acreditemos ou não. O universo é composto de astros. É verdade, acreditemos ou não. Só o que é verdadeiro sobrevive, e isso vale também para os conceitos que temos a nosso respeito.

Já foi dito aqui que quando éramos crianças não tivemos a oportunidade de escolher no que acreditar e no que não acreditar. Bem, agora é diferente. Crescemos, somos livres para fazer nossa escolha. Podemos acreditar ou não acreditar. Mesmo que algo não seja verdadeiro, podemos acreditar, porque foi o que escolhemos, e apenas porque *desejamos* fazê-lo. Podemos escolher como viver a vida. E, se formos honestos com nós mesmos, saberemos que somos livres para fazer novas escolhas.

Quando aceitamos ver com os olhos da verdade, descobrimos algumas mentiras, abrindo nossas feridas. As feridas abrem-se, mas não estão limpas, ainda estão cheias de veneno.

Quando abrimos as feridas, temos de limpá-las, livrando-as do veneno. E como vamos fazer isso? Perdoando. Foi o mesmo mestre de dois mil anos atrás que nos deu essa resposta. Não há outro instrumento além do perdão para limpar as feridas e eliminar o veneno.

Devemos perdoar aqueles que nos magoaram, mesmo que achemos imperdoável o que nos fizeram. Nós os perdoaremos, não porque eles mereçam ser perdoados, mas porque não queremos sofrer, ferindo a nós mesmos, toda vez que nos lembrarmos do mal que nos fizeram. Não importa a extensão da ofensa, nós perdoaremos aqueles que nos ofenderam, porque não queremos viver nos sentindo mal. O perdão é uma cura mental. Perdoamos porque sentimos compaixão por nós mesmos. O perdão é um ato de amor-próprio.

Vamos exemplificar. Suponhamos que você seja uma mulher divorciada. Estava casada havia dez anos, quando teve uma tremenda briga com seu marido, por causa de uma enorme injustiça. Divorciou-se dele e o odeia com todas as forças. Só de ouvir o nome de seu ex-marido você sente dor de estômago e vontade de vomitar. O veneno emocional é tão forte, que se torna insuportável. Você precisa de ajuda, então procura um terapeuta e conta: "Estou sofrendo demais, cheia de raiva, ciúme, inveja. O que ele fez foi imperdoável. Odeio aquele homem."

O terapeuta olha para você e diz: "Precisa soltar suas emoções, expressar o que sente, entregar-se a um ataque de raiva. Pegue um travesseiro, morda-o, soque-o, liberando o ódio."

Você faz o que lhe foi aconselhado, entrega-se a um violento ataque de raiva e solta as emoções. Parece funcionar. Paga cem dólares ao terapeuta e diz: "Muito obrigada. Estou me sentindo muito melhor." Por fim, exibe um largo sorriso.

136 ❧ *O domínio do amor*

Sai do consultório do terapeuta e vê seu marido passando de carro pela rua. Ao vê-lo, a mesma raiva retorna, mas muito mais intensa. Você precisa voltar novamente ao terapeuta e pagar mais cem dólares para ter outro ataque. Liberar as emoções dessa maneira é uma solução apenas temporária. Isso pode expelir um pouco do veneno, fazendo você sentir-se melhor por algum tempo, mas não cura as feridas.

A única maneira de alcançar a cura é perdoar. Você precisa perdoar seu ex-marido pela injustiça. Saberá que o perdoou quando não sentir mais nada ao vê-lo. Ouvirá o nome dele e não terá nenhuma reação. Quando tocamos numa ferida e não sentimos dor, descobrimos que realmente perdoamos. Óbvio, vai ficar uma cicatriz, como acontece quando nos curamos de um ferimento na pele, e isso será uma lembrança do que aconteceu, de como você era. Mas não doerá mais.

Talvez você esteja pensando: "É fácil dizer que temos de perdoar. Eu tento, mas não consigo." Você acha que tem várias razões, várias justificativas para não perdoar. Mas elas não são verdadeiras. A verdade é que você não pode dar seu perdão porque aprendeu a não perdoar.

Em nossa infância, perdoar era um instinto. Antes de contrairmos a doença mental, perdoar era natural, algo que fazíamos sem esforço. Perdoávamos quase que imediatamente. Se observarmos duas crianças brincando, e elas começarem a brigar e a se bater, veremos que choram e correm para suas mães. "Mamãe, ela me bateu!" As duas mães vão falar uma com a outra e brigam. Cinco minutos depois, as duas crianças

Curando o corpo emocional ❧ *137*

estão novamente juntas, brincando, como se nada tivesse acontecido. As mães, no entanto, agora odeiam-se e vão odiar-se pelo resto da vida.

Não precisamos aprender a perdoar, porque nascemos com essa capacidade. Mas, o que acontece, então? Acontece que aprendemos o comportamento oposto e o praticamos; por isso, agora, perdoar é tão difícil. Quando uma pessoa nos ofende, nós a riscamos de nossa vida. Isso é uma guerra de orgulho. Por quê? Porque nossa importância pessoal cresce, quando não perdoamos. Nossa opinião torna-se mais importante, quando dizemos: "Por mais que ela faça, não a perdoarei. O que ela me fez é imperdoável."

O problema real é o orgulho. Por causa do orgulho, por causa da honra, pomos mais lenha na fogueira da injustiça para que não esqueçamos que não podemos perdoar. Adivinhe quem vai sofrer e acumular mais veneno emocional. Nós mesmos. Vamos sofrer por todas as coisas que as pessoas a nossa volta fizerem, mesmo que não tenham nada a ver conosco.

Também aprendemos a sofrer só para punir aqueles que nos fizeram mal. Nós nos comportamos como uma criança tendo um ataque de birra para chamar a atenção dos adultos. Eu me machuco para poder dizer: "Veja o que está acontecendo comigo, por sua causa." Parece piada, mas é isso mesmo que fazemos. O que realmente queremos dizer é: "Deus, me perdoe." Mas não dizemos uma palavra, esperando que Deus venha e nos peça perdão primeiro. Muitas vezes, nem sabemos porque estamos tão aborrecidos com nossos pais, nossos amigos, nosso

138 ❧ *O domínio do amor*

parceiro. Estamos aborrecidos e, se por alguma razão, a outra pessoa nos pede perdão, começamos a chorar e respondemos: "Não, não! Você é que tem de me perdoar."

Vá procurar aquela criança interior, que está tendo um ataque de birra e faça-a parar. Pegue seu orgulho e jogue-o no lixo. Você não precisa dele. Esqueça sua importância pessoal e peça perdão. Perdoe também, e verá que milagres começarão a acontecer em sua vida.

Primeiro faça uma lista com os nomes de todas as pessoas a quem você acha que deve pedir perdão. Depois, vá até elas e peça. Se não houver tempo para você procurar uma por uma, peça-lhes perdão em suas preces e em sonhos. Em segundo lugar, faça uma lista das pessoas que o magoaram e a quem você precisa perdoar. Coloque ali seus pais, irmãos, filhos, cônjuge, amigos, parceiros amorosos e bichos de estimação, o governo e até mesmo Deus.

Agora, você vai perdoar a todos, sabendo que, seja o que for que lhe fizeram, não teve nada a ver com você. Cada um vive um sonho diferente, lembra? As palavras e ações que o feriram foram simplesmente as reações de cada uma dessas pessoas à ação dos demônios que existem em sua mente. Elas sonham no inferno, e você não passa de um personagem secundário em seu sonho. Nada do que outros fizeram foi provocado por você. Assim que perceber isso e não mais levar as coisas para o lado pessoal, você será guiado ao perdão pelas mãos da compaixão e da compreensão.

Comece a praticar o perdão. Será difícil, no início, mas depois isso se tornará um hábito. A única maneira de recuperar a capacidade de perdoar é praticar. Depois de muito treino, você descobrirá que é capaz de perdoar a si mesmo. Chegará o momento em que descobrirá que precisa se perdoar por todas as feridas que criou, por todo o veneno que acumulou, vivendo seu sonho. Quando você se perdoar, sua autoaceitação e seu amor-próprio crescerão. Perdoar a si mesmo é o perdão supremo.

Assuma o poder e perdoe-se por tudo o que fez na vida. E, se acreditar em vidas passadas, perdoe-se pelo que fez também nas outras existências. O conceito de carma só é verdadeiro porque acreditamos que é. Por causa das crenças que temos sobre sermos bons ou maus, nós nos sentimos envergonhados pelo que acreditamos ser mau. Então, nos consideramos culpados, acreditamos que precisamos ser punidos e nos punimos. Acreditamos que o que criamos é tão sujo, que precisa de uma grande faxina. E só porque acreditamos, *que assim seja*. Para nós, é algo real. Criamos nosso carma e temos de pagar por isso. Somos, de fato, muito poderosos. Quebrar um carma antigo é fácil. Basta que eliminemos essa crença, recusando-nos a continuar acreditando, e o carma acaba. Não precisamos sofrer, não precisamos pagar, porque acabou. Se conseguirmos perdoar a nós mesmos, o carma desaparecerá, e desse ponto em diante poderemos começar uma nova vida. Será uma vida muito mais fácil, porque o perdão é o único instrumento que limpa as feridas emocionais. Apenas o perdão as faz cicatrizar.

140 ✎ *O domínio do amor*

Assim que limparmos as feridas, vamos aplicar nelas um remédio forte, para acelerar o processo da cura. Lógico que esse remédio também nos foi dado pelo mesmo grande mestre. É o amor. Esse é o remédio poderoso que acelera o processo da cura. Não há nenhum outro, além do amor incondicional. Eu amarei você, *se...* Amo você *porque...* Não, não é esse tipo de amor. No amor incondicional não existe "*se*", não há nenhuma justificativa, nenhuma explicação. É só amor. Ame a si, ame seu próximo, ame seus inimigos. É simples, é uma questão de bom senso, mas não podemos amar os outros, se não amarmos a nós mesmos. É por isso que temos de começar pelo amor-próprio.

Há milhões de maneiras de expressar felicidade, mas só podemos ser verdadeiramente felizes se tivermos amor. Esse é o único caminho. Não podemos ser felizes se não amamos a nós mesmos. Isso é um fato. Se não nos amamos, nunca seremos felizes, porque não podemos dar o que não temos. Se não amamos a nós mesmos, não amaremos mais ninguém. Vamos supor que você necessite de amor e encontre uma pessoa que necessite de você. Os humanos chamam isso de amor, mas não é. Trata-se de sentimento de posse, de egoísmo, de controle com falta de respeito. Não minta para si mesmo. Isso não é amor.

Só o amor que jorra de dentro de você pode levá-lo à felicidade. Amor incondicional por si, uma completa rendição a ele. Assim, você não mais resistirá à vida, não mais se rejeitará, não mais levará consigo uma bagagem de vergonha e culpa; se aceitará como é, e aceitará as outras pessoas como elas são. Você tem o direito de sorrir, de ser feliz, de, sem nenhum medo, dar e receber amor.

Essa é a cura, alcançada através de três passos simples: a verdade, o perdão e o amor-próprio. Se o mundo der esses passos, ficará curado e não mais será um hospital de doenças mentais. Jesus ensinou-nos esse método de cura da mente, mas não foi o único. Esse também foi o ensinamento de Buda e de Krishna. Muitos outros mestres chegaram à mesma conclusão e nos deixaram lições idênticas. Em todo o mundo, do Japão ao México, do Peru ao Egito, de Roma à Grécia, existiram pessoas que foram curadas. Elas viram que a doença está na mente humana e usaram os três passos do mesmo método: verdade, perdão e amor-próprio. Se virmos nosso estado mental como uma doença, descobriremos que há cura. Não precisamos sofrer mais. Se formos capazes de perceber que nossa mente está doente, que nosso corpo emocional está ferido, também seremos capazes de procurar e alcançar a cura.

Vamos imaginar que todos os humanos comecem a ser honestos consigo, a perdoar indistintamente, a amar a todos. Não haveria mais egoísmo, as pessoas estariam dispostas a dar e a receber, não mais julgariam umas as outras. As fofocas acabariam, e os venenos emocionais simplesmente desapareceriam.

Agora estamos falando de um sonho do planeta completamente diferente, e este mundo não parece mais ser o mesmo. Foi isso que Jesus descreveu como "paraíso na terra", que Buda chamou de "nirvana", e Moisés, de "Terra Prometida". Este é um lugar onde todos nós podemos viver em amor, porque foi no amor que concentramos nossa atenção. Optamos por amar.

142 ✑ *O domínio do amor*

Seja qual for o nome que você dê ao novo sonho, ele ainda é tão real ou tão falso quanto o sonho com o inferno. Mas agora você pode escolher em qual sonho deseja viver. Tem nas mãos os meios que deve usar para curar-se. A pergunta é: como vai usá-los?

12
Deus dentro de nós

Você é a força que brinca com sua mente e que, para divertir-se, usa seu corpo como brinquedo favorito. É para isso que está aqui, para brincar, para divertir-se. Nasceu com o direito de ser feliz, com o direito de aproveitar a vida. Não está aqui para sofrer. Quem quiser sofrer, que sofra, mas isso não é necessário.

Então, por que sofremos? Porque o mundo inteiro sofre, e acreditamos que o sofrimento é algo normal. Criamos um sistema de crenças para apoiar essa "verdade". As religiões dizem que viemos ao mundo para sofrer, que a vida é um vale de lágrimas. Sofra agora, com paciência, pois terá sua recompensa quando morrer. Palavras bonitas, mas falsas.

Escolhemos o sofrimento porque aprendemos a sofrer. Se continuarmos a fazer as mesmas escolhas, sofreremos sempre. O sonho do planeta dirige a história da humanidade, a evolu-

144   *O domínio do amor*

ção humana, e o resultado dessa evolução é o sofrimento. Os humanos sofrem por causa do conhecimento que têm. Sabem no que acreditam, conhecem todas aquelas mentiras e, porque não podem satisfazer as exigências que elas criam, sofrem.

Não é verdade que vamos para o céu ou para o inferno depois de morrer. É agora que vivemos no céu, ou no inferno, que são lugares que só existem na mente. Se sofremos agora, sofreremos depois da morte, porque a mente não morre com o cérebro. O sonho continua. Quando sonhamos no inferno, é lá que continuaremos a sonhar, mesmo que *já* estejamos com o cérebro morto. A única diferença entre estar morto e estar adormecido é que quando dormimos podemos despertar, porque temos cérebro. Quando morremos, não despertamos, porque não temos cérebro, mas continuamos sonhando.

Céu ou inferno existem aqui, agora. Não é preciso morrer para conhecê-los. Se assumir a responsabilidade de sua própria vida, de suas ações, você terá o futuro em suas mãos e poderá viver no céu, estando seu corpo ainda vivo.

O sonho que a maioria dos humanos cria neste planeta é obviamente infernal. Mas não existe certo ou errado, bom ou mau. Não há nada e ninguém a quem possamos culpar por alguma coisa. Podemos culpar nossos pais pelo que somos? Não, porque eles fizeram o máximo que puderam, com a melhor das intenções, quando nos programaram em nossa infância. Os pais de nossos pais fizeram a mesma coisa. Se temos filhos, agimos da mesma forma, porque não sabíamos o que mais poderíamos fazer. Vamos culpar a nós mesmos? Adquirir consciência não

Deus dentro de nós 👒 *145*

significa que temos de culpar alguém, ou carregar sentimento de culpa pelo que fizemos. Como podemos ter culpa, se contraímos uma doença mental que é altamente contagiosa?

Tudo o que existe é perfeito. Você é perfeito, assim, do jeito que é. Essa é a verdade. Você é um mestre. Mesmo que precise dominar a raiva e o ciúme, essas emoções também são perfeitas. Talvez você esteja vivendo um grande drama, mas esse drama é perfeito, é bonito. Assistimos a *E o vento levou...* e choramos, emocionados por todo aquele drama. E quem disse que o inferno não é bonito? Ele pode nos inspirar, porque também é perfeito, porque apenas a perfeição existe. Mesmo que seu sonho seja infernal, você é perfeito, sendo como é.

É o conhecimento que nos leva a acreditar que somos imperfeitos. Mas o conhecimento nada mais é do que a descrição do sonho. Como o sonho não é real, o conhecimento também não é. Venha o conhecimento de onde vier, é real apenas de uma certa perspectiva. Assim que mudamos a perspectiva, ele deixa de ser real. Nunca vamos encontrar a nós mesmos através do conhecimento. No fim, o que estamos querendo é encontrar a nós mesmos, ser o que somos e viver a vida que escolhemos, em vez de viver a vida para a qual nos programaram: a do parasita.

Não será o conhecimento que nos levará até nós mesmos, mas a sabedoria. É necessário fazer a distinção entre essas duas coisas, porque elas são diferentes. A principal função do conhecimento é permitir a comunicação entre as pessoas. Esse é o único instrumento de que dispomos para nos comunicarmos, porque raramente os humanos comunicam-se através do

146 ✍ *O domínio do amor*

coração. O importante é saber como usar o conhecimento, para que ele não nos escravize, roubando-nos a liberdade.

Sabedoria não tem nada a ver com conhecimento, mas sim com liberdade. Uma pessoa sábia é livre para usar a própria mente e dirigir sua vida. Uma mente saudável não abriga o parasita, é livre como era antes — antes da domesticação. Quando curamos nossa mente, nos libertamos do sonho, não somos mais inocentes, mas somos sábios. Voltamos a ser crianças, exceto por uma grande diferença: uma criança é inocente, e é por isso que pode cair nas mãos do sofrimento e da infelicidade. Aquele que supera o sonho é sábio, então não sofre nenhuma queda, porque *conhece* o sonho.

Não é necessário acumular conhecimento para alcançar a sabedoria. Qualquer um pode ser sábio. Qualquer um. Então, quando um ser humano torna-se sábio, vê que a vida ficou mais fácil, porque agora ele é o que realmente é. É difícil viver tentando convencer os outros e a nós mesmos de que somos o que não somos. Isso esgota nossa energia. Mas, ser o que somos não exige nenhum esforço.

Quando nos tornamos sábios, não precisamos usar todas aquelas imagens que criamos. Não temos de fingir que somos outra pessoa. Nós nos aceitamos como somos e, através dessa aceitação de nós mesmos, aceitamos todas as outras pessoas. Não mais tentamos mudá-las, nem impor nosso ponto de vista. Respeitamos as crenças delas. Aceitamos nossa condição humana, com todos os instintos de nosso corpo. Somos animais, e não há nada de errado nisso. Somos animais, e os animais seguem seus instintos. Somos humanos e, por sermos animais tão inteligentes, reprimimos nossos instintos, tapamos os ouvidos à voz do coração. Vamos contra nosso corpo e tentamos reprimir suas necessidades, ou negar sua existência. Quem tem sabedoria não faz isso.

Quando nos tornamos sábios, respeitamos nosso corpo, nossa mente, nossa alma. Deixamos que o coração, e não a cabeça, governe nossa vida. Não mais sabotamos a nós mesmos, nossa felicidade, nosso amor. Não mais carregamos remorsos e culpas. Não mais nos julgamos, nem julgamos as outras pessoas. Todas as crenças que nos tornaram infelizes, que nos obrigaram a levar uma vida de lutas, tão difícil, desvaneceram-se.

Abandone a ideia de querer ser o que não é, torne-se você mesmo. Renda-se à sua natureza, ao que realmente é, e não mais sofrerá. Rendendo-se ao seu verdadeiro eu, você se rende à vida, a Deus. E depois da rendição não há mais lutas, não há mais resistência, não há mais sofrimento.

Sendo sábios, sempre iremos pelo caminho mais fácil, que é sermos nós mesmos. O sofrimento nada mais é do que a resistência a Deus. Quanto mais resistimos, mais sofremos. Simples.

Suponha que, de um dia para o outro, você desperte do sonho e veja-se completamente saudável. Não tem mais feridas, não carrega mais veneno emocional. Imagine a liberdade que vai conhecer. Você será feliz apenas por estar vivo, será feliz em todos os lugares. Por quê? Porque o ser humano saudável não tem medo de expressar seu amor. Não tem medo de viver, de amar. Imagine como seria sua vida, como trataria as pessoas

148 ～ *O domínio do amor*

que o cercam se não tivesse mais todas aquelas feridas, todo aquele veneno em seu corpo emocional.

Nas escolas secretas ao redor do mundo, isso é chamado de "despertar". É uma pessoa acordar, um dia, e ver que suas feridas emocionais foram curadas. E quando o corpo emocional torna-se saudável, as fronteiras desaparecem, e a pessoa começa a ver as coisas como elas são, não de acordo com seu sistema de crenças.

Quando abrimos os olhos e nos vemos curados, tornamo-nos céticos. Não fazemos isso para aumentar nossa importância pessoal, dizendo às outras pessoas como somos inteligentes, zombando delas por acreditarem em tantas mentiras. Não. Quando despertamos, tornamo-nos céticos porque vemos com nitidez que o sonho não é verdadeiro. Estamos acordados, de olhos bem abertos, e tudo torna-se evidente.

Quando despertamos, atravessamos para o outro lado, e não há mais retorno, nunca mais veremos o mundo da mesma maneira de antes. Ainda estamos sonhando, porque é impossível parar de sonhar, desde que essa é a função da mente, mas a diferença é que sabemos que é tudo um sonho. Sabendo disso, podemos gozar o sonho, ou sofrer. Depende de cada um.

Despertar é como estar numa festa com milhares de pessoas, onde todas estão embriagadas, menos você. A verdade é que a maioria dos humanos vê o mundo através de suas feridas e de seu veneno emocional. Eles não têm consciência de que vivem um sonho infernal. Não estão conscientes de que vivem um sonho, da mesma forma que um peixe nadando não está consciente de que vive na água.

Quando você está desperto e é a única pessoa sóbria numa multidão de bêbados, é capaz de sentir compaixão, porque também já esteve embriagado. Não precisa julgar ninguém, nem mesmo os que vivem no inferno, porque você também já viveu lá.

Quando despertamos, nosso coração é uma expressão do espírito, do amor, da vida. O despertar acontece quando tomamos consciência de que *somos a vida*. Tudo é possível para aqueles que descobrem que são a força, a vida. Milagres estão sempre acontecendo, porque é o coração que os faz. O coração está em comunicação direta com a alma humana e, quando fala, vencendo a resistência da cabeça, algo dentro de nós muda. Um coração abre outro coração, tornando possível o amor verdadeiro.

Na Índia, contam uma história sobre o deus Brahma, de quando ele estava completamente sozinho. Nada existia, a não ser o deus, e ele se sentia muito entediado. Um dia, ele quis brincar, mas não tinha com quem, então criou a linda deusa Maya, com o único propósito de divertir-se. Assim que ela passou a existir, e Brahma contou-lhe por que razão a criara, ela disse: "Tudo bem, vamos jogar um jogo delicioso, mas você terá de fazer tudo o que eu mandar." Brahma concordou e, seguindo as instruções de Maya, criou o Universo. Criou o Sol, a Lua, as estrelas e os planetas. Depois criou tudo o que há na Terra, os animais, os mares, a atmosfera, tudo.

Maya disse: "Que lindo é o mundo de ilusão que você criou! Agora, quero que crie um animal tão inteligente que possa apreciar sua criação." Brahma, então, criou os seres humanos e, quando acabou, perguntou a Maya quando o jogo começaria.

"Agora mesmo", ela respondeu. Agarrou Brahma e retalhou-o em milhões de minúsculos pedaços. Colocou uma partícula dentro de cada ser humano e disse: "O jogo vai começar, Brahma! Vou fazê-lo esquecer quem é, e você vai ter de se encontrar!" Foi assim que Maya criou o sonho, e até hoje Brahma ainda está tentando lembrar-se de quem é. É isso o que acontece. Brahma está dentro de todos os seres humanos, mas a deusa Maya impede-os de se lembrar de quem são.

Quando despertamos do sonho, nos tornamos Brahma novamente e recuperamos nossa divindade. Então, se aquela partícula do deus que existe em você despertar e perguntar onde está o resto das partículas, sabendo do ardil de Maya, você compartilhará a verdade com os outros, que também vão acordar. Duas pessoas sóbrias numa festa de bêbados podem divertir-se mais. Se houver três pessoas sóbrias, as coisas ficam ainda melhores. Comece por você. Então, os outros começarão a mudar, até que todos os que participam da festa, do sonho, estejam sóbrios.

Os ensinamentos que vêm dos indianos, dos toltecas, dos cristãos, dos gregos, de sociedades do mundo todo, brotam

Deus dentro de nós 🙠 151

da mesma verdade. Todos falam da recuperação da divindade, da descoberta de Deus dentro de nós. Todos referem-se à necessidade de abrir o coração e adquirir sabedoria. Você consegue imaginar que mundo seria este nosso, se todos os humanos abrissem o coração e encontrassem o amor lá dentro? É óbvio que nós podemos fazer isso, cada um a sua maneira. Não se trata de aceitar uma ideia imposta, mas de um encontro de cada pessoa consigo mesma. Por isso, viver é uma arte. "Tolteca" significa "artista do espírito". Os toltecas conseguem expressar-se com o coração, sabem dar amor incondicional.

Estamos vivos graças ao poder de Deus, que é o poder da vida. Somos a força que é a vida, mas, porque só pensamos num nível mental, esquecemos quem realmente somos. É fácil dizer que Deus existe, que é responsável por tudo, que nos salvará. Mas não é bem assim. Deus nos pede — pede à sua partícula que existe dentro de nós — para que despertemos e façamos uma escolha, que tenhamos a coragem de vencer todos os medos, transformando-os, de modo que não mais tenhamos medo do amor. O medo do amor é um dos maiores medos do ser humano. Por quê? Porque, no sonho do planeta, um coração partido significa "coitado de mim".

Pode ser que você esteja se perguntando: "Se somos realmente a vida, ou Deus, por que não temos consciência disso?" Porque fomos programados para não ter. Ensinaram-nos que somos humanos, que temos todas as limitações impostas por essa condição. Então, reprimimos nossas possibilidades, usando nossos medos. Somos o que acreditamos ser. Nós, humanos,

152 ❧ *O domínio do amor*

somos mágicos poderosos. Quando acreditamos que somos o que somos, é isso o que nos tornamos. E podemos fazer isso porque somos a vida, somos Deus. Temos o poder de nos tornarmos o que somos, agora, neste momento. Não é a mente racional que comanda nosso poder, mas sim aquilo em que acreditamos.

Tudo gira em volta de crenças. Se acreditarmos que determinadas regras governam nossa vida, elas de fato governarão. O sistema de crenças que criamos é como uma caixa dentro da qual nos colocamos e de onde não podemos fugir, porque acreditamos que isso é impossível. Essa é a nossa situação. Criamos nossos próprios limites, estabelecemos quais são as coisas humanamente possíveis e quais são as impossíveis. Então, só porque acreditamos em nossos limites, eles se tornam verdadeiros.

As profecias dos toltecas previram o início de um novo mundo, de uma nova humanidade em que os humanos assumirão a responsabilidade pelas próprias crenças, pela própria vida. Aproxima-se o tempo em que cada um de nós será o próprio guru. Não precisamos que outros seres humanos nos digam qual é a vontade de Deus. Agora podemos conversar face a face com Ele, sem nenhum intermediário. Procuramos por Deus e o encontramos dentro de nós mesmos. Deus não está mais lá fora.

Quando descobrimos que a força que é a vida está dentro de nós, aceitamos nossa divindade, mas nos tornamos humildes, porque vemos a mesma divindade em todas as outras pessoas. É

Deus dentro de nós ❧ *153*

fácil compreender o que é Deus, porque tudo é uma manifestação dele. O corpo vai morrer, a mente também vai desaparecer, mas nós, não. Somos imortais. Existimos há bilhões de anos em diferentes formas, porque somos a vida, e a vida não morre. Estamos nas árvores, nas borboletas, nos peixes, no ar, na Lua, no Sol. Estamos em toda parte, esperando por nós mesmos.

Nosso corpo é um templo vivo, onde mora Deus. Nossa mente é um templo vivo, onde mora Deus. Deus mora dentro de nós em forma de vida, e a prova disso é que estamos vivos. Nossa vida é a prova. Lógico, temos lixo e veneno emocional na mente, mas Deus está lá também.

Não precisamos fazer nada para chegar a Deus, para alcançar a iluminação, para despertar. Ninguém pode nos levar a Deus. Qualquer um que diga que pode levar seus semelhantes a Deus é um mentiroso, porque todos já chegaram lá. Todos os seres vivos existem unidos em um só e, queiram ou não, rejeitem essa ideia ou não, todos nós já estamos com Deus.

O que temos de fazer é simplesmente viver a vida com prazer, estar vivo, curar o corpo emocional, para que possamos criar nossa vida de um modo que possamos doar livremente todo o amor que existe em nós.

Mesmo que o mundo inteiro nos ame, esse amor não nos fará felizes, porque o que dá felicidade é o amor que sai de nós. É esse o amor que modificará tudo, não aquele amor que todos têm para nos dar. Nosso amor por todos é a nossa metade, e a outra metade pode ser uma árvore, um cão, uma nuvem. Somos uma metade. A outra metade é o que percebemos. Somos uma metade como sonhadores, o sonho é a outra metade.

154 ❧ O domínio do amor

Somos livres para amar. Se escolhemos manter um relacionamento, e nosso parceiro faz esse mesmo jogo, que dádiva! Quando um relacionamento sai do inferno completamente, cada um dos parceiros se ama tanto, que um não mais precisa do outro. É por vontade própria que os dois se reúnem e criam a beleza. E essa criação é um sonho celestial.

Você já dominou o medo e a autorrejeição e agora está recuperando o amor por si mesmo. Poderá ser tão poderoso, que, com o amor-próprio, transformará seu sonho pessoal, expulsando o medo e introduzindo o amor, acabando com o sofrimento e instituindo a felicidade. Então, como o Sol, dará luz e amor o tempo todo, incondicionalmente.

Quando ama incondicionalmente, você, o humano, e você, Deus, aliam-se ao espírito da vida que os percorre. Sua vida torna-se a expressão da beleza do espírito. A vida não passa de um sonho, e se você criar a sua com amor, seu sonho será uma obra-prima.

Orações

*P*or favor, reserve um momento para fechar os olhos, abrir o coração e sentir todo o amor que está saindo dele.

Quero que você se junte a mim numa prece especial, e entraremos em comunhão com nosso Criador.

Concentre sua atenção nos pulmões, como se apenas eles existissem. Sinta o prazer que seus pulmões lhe dão, quando se expandem para suprir a maior necessidade do corpo humano: respirar.

Inspire profundamente e sinta o ar à medida que ele enche os pulmões. Sinta como o ar é feito de amor. Note a conexão que há entre ele e os pulmões. Expanda os pulmões, enchendo-os de ar, até sentir a necessidade de expeli-lo. Então, expire, sentindo novamente o prazer. Quando satisfazemos qualquer necessidade física, o corpo nos dá prazer. Respirar é um prazer. Basta respirar para sermos sempre felizes e gozar a vida. Basta viver. Sinta o prazer de estar vivo, o prazer que lhe dá sentir amor...

Oração pela consciência

Hoje, Criador do Universo, nós lhe pedimos que abra nosso coração e nossos olhos, de modo que possamos apreciar todas as Suas criações e viver em amor eterno com Você. Ajude-nos a vê-Lo em tudo o que captamos com os olhos, os ouvidos, o coração, com todos os sentidos. Permita-nos ver com os olhos do amor, de modo que possamos encontrar Você aonde quer que formos, e a vê-Lo em tudo o que Você criou. Permita que o vejamos em cada célula de nosso corpo, em cada emoção da mente, em cada sonho, em cada flor, em cada pessoa que encontrarmos. Você não pode esconder-se de nós porque está em toda parte, porque é um só com todos nós. Permita-nos ter consciência dessa verdade.

Permita-nos ter consciência de nosso poder de criar um sonho celestial, no qual tudo é possível. Ajude-nos a usar nossa imaginação para dirigir o sonho de nossa vida, a magia de nossa criação, de maneira que possamos viver sem medo, sem raiva, sem ciúme e sem inveja. Dê-nos uma luz para seguir, permita que nossa procura pelo amor e pela felicidade termine hoje. Permita que hoje algo extraordinário aconteça, mudando nossa vida para sempre. Permita que tudo o que fizermos e dissermos seja uma expressão da beleza que existe em nosso coração, sempre com base no amor.

Ajude-nos a ser como Você, a amar do modo como Você ama, a dar do modo que Você dá, a criar uma obra-prima de beleza e amor igual às Suas criações. Começando hoje, e continuando aos poucos no decorrer do tempo, ajude-nos a aumentar o poder

Oração pelo amor-próprio

de nosso amor, de modo que possamos criar uma obra-prima: a própria vida. Hoje, Criador, nós lhe oferecemos toda nossa gratidão e nosso amor, porque Você nos deu a Vida. Amém.

Oração pelo amor-próprio

Hoje, Criador do Universo, nós Lhe pedimos que nos ajude a nos aceitar como somos. Sem nenhum julgamento. Ajude-nos a aceitar nossa mente do jeito que ela é, com todas as emoções, esperanças e sonhos, com nossa personalidade, nosso jeito único de ser. Ajude-nos a aceitar nosso corpo do jeito que ele é, com toda sua beleza e perfeição. Permita que o amor que sentimos por nós mesmos seja tão forte que nunca mais nos rejeitemos ou sabotemos nossa felicidade, nossa liberdade e nosso amor.

De agora em diante, permita que cada ação, cada reação, cada pensamento e cada emoção baseiem-se no amor. Ajude-nos, Criador, a aumentar o amor que sentimos por nós mesmos, até que o sonho inteiro de nossa vida transforme-se, passando do medo e do drama para o amor e a alegria. Permita que o poder de nosso amor-próprio seja grande o bastante para esmagar todas as mentiras em que acreditamos porque fomos programados para acreditar, todas as mentiras que nos contam, sobre não sermos bons, fortes ou inteligentes o bastante, que afirmam que não vamos conseguir fazer o que desejamos. Permita que o poder do amor-próprio seja tão grande, que não precisemos mais viver de acordo com as opiniões dos outros. Permita que confiemos em nós mesmos tão completamente, que possamos fazer as escolhas necessárias. Com o amor-próprio, não temos mais medo de assumir a responsabilidade por nossa vida, nem de enfrentar os problemas, quaisquer que sejam, e solucioná-los à medida que forem aparecendo. Seja o que for que desejemos alcançar, permita que alcancemos com o poder do amor-próprio.

Começando hoje, ajude-nos a amar tanto a nós mesmos, que nunca criemos circunstâncias que nos sejam adversas. Podemos viver a vida sendo nós mesmos, sem fingir que somos diferentes, apenas para que as outras pessoas nos aceitem ou nos digam que somos ótimos, porque sabemos o que somos. Com o poder do amor-próprio, permita-nos gostar do que vemos cada vez que nos olhamos no espelho. Permita que haja um grande sorriso em nosso rosto, realçando nossa beleza exterior e interior. Ajude-nos a sentir um amor tão intenso por nós mesmos, que sempre apreciemos nossa companhia.

Permita que amemos a nós mesmos sem julgamentos, porque, quando nos julgamos, nos culpamos e sentimos a necessidade de sermos punidos, perdendo de vista Seu amor. Fortaleça neste momento a vontade que temos de nos perdoar. Limpe nossa mente do veneno emocional e dos julgamentos, de maneira que possamos viver em amor e paz.

Permita que o amor-próprio seja o poder que modifique o sonho de nossa vida. Permita que, com esse novo poder no coração, o poder do amor-próprio, transformemos cada um de nossos relacionamentos, a começar pelo relacionamento que temos com nós mesmos. Ajude-nos a nos libertarmos de todos os conflitos que temos com os outros. Permita que sejamos felizes por compartilhar nosso tempo com nossos entes queridos e que possamos perdoá-los por qualquer injustiça que achamos que cometeram contra nós. Ajude-nos a amar a nós mesmos tão profundamente, que possamos perdoar a qualquer pessoa que nos tenha ferido.

Dê-nos coragem para amar nossa família e nossos amigos incondicionalmente, e para mudar nossos relacionamentos de maneira mais positiva e amorosa. Ajude-nos a criar novos canais de comunicação em nossos relacionamentos, de modo que não haja guerra pelo comando, que não haja vencedor e vencido. Permita que juntos trabalhemos como uma equipe pelo amor, pela alegria, pela harmonia.

Que o relacionamento que temos com nossos familiares e amigos seja baseado no respeito e na alegria, de maneira que não mais tenhamos a necessidade de dizer-lhes o que devem pensar e como devem ser. Que nosso relacionamento amoroso seja maravilhoso. Que possamos sentir alegria cada vez que nos doarmos ao nosso parceiro. Ajude-nos a aceitar os outros do jeito que eles são, sem julgá-los, porque, quando os rejeitamos, estamos rejeitando a nós mesmos. E quando rejeitamos a nós mesmos, rejeitamos Você.

Hoje é um novo começo. Ajude-nos a reiniciar nossa vida hoje, com o poder do amor-próprio. Ajude-nos a apreciar o fato de estarmos vivos, a apreciar nossos relacionamentos, a explorar a vida, a assumir riscos e a não mais ter medo do amor. Permita--nos abrir nosso coração para o amor que é nosso direito, desde que nascemos. Ajude-nos a nos tornarmos Mestres da Gratidão, da Generosidade e do Amor, de modo que possamos nos alegrar em todas as Suas criações, hoje e para sempre. Amém.

Este livro foi composto na tipografia Adobe
Garamond Pro, em corpo 12,5/16,7, e impresso
em papel off-white no Sistema Cameron da
Divisão Gráfica da Distribuidora Record.